KB191089

중소기업 경영 솔루션
팀워크로 성장하는 실전 성공 스토리

팀워크로 성장하는 실전 성공 스토리

중소기업
경영 솔루션

김경중 지음

두드림미디어

Writer's Letter

중소기업 현장에서 많은 대표님을 만나며 느낀 점이 있습니다. '대표 자는 외롭다, 고독하다, 힘들다'라는 것입니다. 아닌 분들도 계시지만, 많은 분이 사업을 하며 겪는 어려움이 있었습니다. 가족에게 사업 이야 기는 하기 힘듭니다. 친구나 지인들에게도 한두 번은 푸념할 수 있어도 지속적인 공감대를 기대하기는 어렵습니다.

그래서 저는 이 일을 시작할 때부터, 대표님들의 이야기를 진심으로 들어주는 것이 제 첫 번째 임무라고 생각했습니다. 이후에는 실무적으 로 필요한 부분을 지원해드리면 됩니다. 자금이 필요하면 정책자금이 나 금융권 자금을 확보하면 되고, 직원 관리가 필요하면 노무를 정비해 주면 됩니다. 회사의 성장 과정에서 마케팅, 인사, 자금 등 문제가 생기 면 때마다 해결해주면 되는 것이고요. 그렇게 저는 대표님들과 소통하 고 함께해왔습니다. 대표자가 고독함에 지치지 않도록 돕는 것이 최우 선이었습니다.

그러다 이 책을 구상하게 되었습니다. 제가 경영지도사의 자격으로 함께 하고 있지만, 꼭 저 같은 전문가가 아니더라도 옆에서 누군가 도와줄 수 있다는 것을 아셨으면 했습니다. 실제로 도움을 받을 수 있는 곳이 있습니다. 소상공인진흥공단에서 진행하는 경영 컨설팅이 그 예입니다. 각 지자체에서도 저희 같은 전문가를 연결해주기도 합니다. 물론 전문가를 만난다고 해서 회사의 사정이 급격히 나아지거나 고민이 해결되지 않을 수 있습니다. 그래도 저는 대표님들이 고민을 함께 나누기 위해 노력해야 한다고 믿습니다. 그게 외부 전문가든 직원이든 함께 하려는 노력이 있어야 변화가 있고 성장이 있으니까요.

이 책에서는 김정우 대표가 주인공으로 나옵니다. 흔히 볼 수 있는 중소기업 대표의 모습입니다. 자금이 부족해서, 경쟁사가 치고 나가서, 직원 관리가 잘 안되어서 등 현실적인 고민을 하는 대표입니다. 김정우 대표처럼 이 막막한 상황이 사실은 여러분의 상황일지도 모릅니다. 그런데도 힘든 상황들이 어찌해볼 수 없는 막다른 골목은 아니라는 것을 말씀해드리고 싶었습니다.

사업이 잘되는 다양한 요소가 있습니다. 사업이 망하는 요소도 다양합니다. 이런 다양함 속에 대표님들이 느끼실 '혼자 해내겠다는' 심리적 요소가 성공과 실패, 어떤 길로 안내할지는 모르겠습니다. 다만 그게 무엇이든 자만이나 고독함으로 연결되지 않았으면 합니다.

컨설팅을 해드렸던 대표님이 어느 날 그러십니다.
"도와주셔서 감사해요. 저 혼자 했으면 뭐부터 할지 뭘 해야 할지 모르고 시간만 지났을 것 같아요. 제가 궁금할 때 편하게 물어볼 수 있어서 그게 큰 위안이 됩니다."

저도 예전에 자영업을 할 때 사업과 관련해서 뭐 하나 알아보기가 지치고 시간과 비용이 들었던 기억이 있습니다. 그래서 이런 말씀을 들을 때면 더욱 책임감을 느끼게 됩니다.

이 책을 읽는 동안, 단지 김정우 대표만의 이야기가 아니라 바로 우리 회사 이야기라고 느끼시길 바랍니다. 그러면서 "지금 내 상황에서도 이런 도움을 받을 수 있는 걸까?" 자신에게 묻는다면, 그 질문만으로도 충분한 시작입니다. 전문가든 직원이든, 함께 해봐야겠다는 생각이 회사를 변화시킬 수 있습니다.

경영지도사 **김경중**

Contents

Introduction

김정우 대표(주인공)

책임감이 강하지만, 혼자 모든 것을 해결하려고 하는 고집스러운 성격 때문에 회사를 운영하는 데 힘들어하고 있다. 자금 부족, 경쟁사 등장, 직원 노무 갈등 등으로 회사를 어떻게 살릴지 막막해한다.

서은영 과장(경리·회계 담당)

꼼꼼하고, 책임감이 강해 회사의 자금 흐름을 잘 파악하고 있다. 김정우 대표가 놓치고 있는 재무적 위험 요소나 긴급 이슈를 자주 알려주며, 회사의 자금 흐름을 지키는 인물이다.

박선우 경영지도사(총괄 컨설턴트)

차분하고 분석적이며, 여러 가지 문제를 종합적으로 파악해 해결책을 제시한다. 김정우 대표가 위기에 몰렸을 때 주요 솔루션을 제공하고, 자금·노무·인증·마케팅 등 전반적으로 조언한다.

최석현 과장(선임 직원, 현장 책임자)

 오래 근무한 베테랑 직원이다. 보수적이고, 종종 '예전 방식'만 고집하기도 한다. 변화에 대한 거부감과 갈등을 드러내지만, 후반에는 대표, 컨설턴트와 협력하면서 조직 혁신에 참여한다.

박지연(신입 직원, 마케팅 보조)

 긍정적이고 적극적이지만, 회사 구조나 제품·서비스에 대한 이해가 부족해 시행착오를 겪는다. 아이디어는 풍부하지만, 경험이 없어 선임 직원들과 갈등도 일으킨다. 새로운 시각으로 변화를 이끌기도 한다.

Prologue

새벽 2시 15분.

사무실 안은 종일 인쇄물을 뽑아대던 복합기의 열기가 아직 식지 않아, 텁텁한 공기가 감돈다. 형광등은 희미하게 깜빡인다. 창밖 네온사인은 조금 전까지 불빛을 뽑내다가 이제는 대부분 꺼졌다. 상가 건물 복도에서는 간간이 환경미화원이 밀차를 밀고 지나가는 소리가 들린다. 이 시간에 사무실을 지키는 사람이 있다. 바로 김정우 대표.

책상 위에는 얇고 두꺼운 서류가 뒤섞여 있다. 세무신고 자료, 월말 결산표, 제품 생산원가 분석표, 어딘가에서 신청해봤다가 실패한 정책자금 서류까지. 대여섯 개의 파일이 무질서하게 쌓여 있다. 마치 작은 탑을 이루는 것처럼. 건드리기만 해도 우르르 무너질 듯 아슬아슬하다.

김 대표는 젖은 수건으로 얼굴을 한 번 훔쳤다. 그러고는 흐릿해진 눈으로 파일 위에 붙은 포스트잇 메모를 다시 살핀다. '급! 세무서 제출 서류', '확인! 정책자금', '중요! 직원 근로계약서'. 어느 것 하나 쉬운 것이 없다. 정리해야 할 우선순위는 한참 전부터 뒤죽박죽된 상태다.

"이 일을 언제 다 해치운담….."

그는 자정 즈음부터 이 문장만 수십 번째 내뱉고 있다. 사실 일찍 집에 들어가고 싶은 마음이 굴뚝같았다. 하지만 번번이 쌓여 있는 일에 발목을 잡힌다. 아내와 아이들은 벌써 잠자리에 들었을 터. 가족들이나 직원들에게 이런 고민을 털어놓고 싶어도 자존심이 허락하지 않는다.

'회사가 어려워 보인다고 소문이라도 나면 곤란하지 않을까? 대표라는 사람이 제대로 못 하는 모습을 보이면 어떡하나?'

이런 염려가 머릿속에서 사방으로 튕겨 나간다. 무책임한 대표, 아빠가 되고 싶지 않았다. 그런 마음이 김 대표 스스로 마음을 무너뜨렸다.
화면이 켜진 모니터에는 업체의 재무상태표가 떠 있다. 그 옆 탭에는 정부 지원 사업 정보 사이트들이 무심히 빛나고 있다. 김 대표는 마우스를 이리저리 움직이다가, 한숨을 푹 내쉰다.

"내가 노력을 안 한 것도 아닌데, 왜 이렇게 되는 일이 없지?"

그의 시선은 어느새 오래된 사진 액자 위에 머물렀다. 액자 속에는 공장 기계 옆에서 환하게 웃고 있는 30대 초반의 자신과 함께 일하던 직원들의 모습이 담겨 있다. 그때는 기회만 오면 당연히 잘될 거라 믿었다. 사무실도 더 넓히고, 직원들도 늘려 매출이 두 배쯤 뛰어오를 거라고 기대했던 시절이었다.

하지만 지금은? 원가는 오르고, 경쟁업체는 신기술로 무장해 시장을 선점하고 있다. 은행 대출 상환 압박은 갈수록 커진다. 얼마 전에는 믿었던 거래처까지 예상치 못하게 대금 지불을 미뤘다. 그 바람에 월말 자금 스케줄이 완전히 꼬였다. 그런 상황 속에서 대표가 지녀야 할 책임감은 날로 무거워져 갔다. 직원들은 속사정도 모른 채 "요즘 회사가 왜 이리 바쁘지요?"라고 물었다.

'내가 참 무능한 걸까?'

그는 자괴감이 든다. 10년 가까이 사업을 해왔지만, 요즘처럼 하루하루가 위태롭게 느껴진 적은 없었다. 조금 전까지는 '그래도 해보자, 버텨보자'라며 오기로 견디고 있었는데, 문득 '내일도 새벽까지 이렇게 있어야 하는 건가?' 생각하니 막막하기만 하다.

사무실 유리문 너머로, 불이 꺼진 복도 끝이 눈에 들어온다. 가끔 야간 환경미화원이나 경비원이라도 마주치면 '아직 일하세요?'라고 말하는 듯한 눈빛을 받는다. 그때마다 김 대표는 왠지 부끄럽다. 할 일은 산더미 같은데 두렵고 막연한 기분만 가득해서 뚜렷한 해결책을 못 찾고 있기 때문이다.

잠시 후, 핸드폰이 진동하며 문자 메시지 알림이 뜬다. 같은 건물 2

층에서 식당을 운영하는 지인이 "형님, 언제 잠깐 얼굴 볼까요?"라는 문자 메시지를 보내왔다. '얼굴 볼까?'라니, 지금은 솔직히 무슨 이야기를 나눌 여유도 없다. 온종일 시도 때도 없이 쏟아지는 연락 중에는 제안인지, 부탁인지 모를 이야기들이 많다. 어느 공단에서 세미나를 한다든지, 신용보증기관에서 설명회를 한다든지. 다 중요한 것 같지만 당장 처리할 문제가 한꺼번에 몰리다 보니 그저 뇌가 과부하 상태다.

'아…. 벌써 시간이 이렇게 됐네….'
시계는 어느새 새벽 2시 30분을 향해 간다. 이러다가 다음 날 아침에 멀쩡히 출근할 수나 있을지 모르겠다. 김 대표는 파일 하나를 들고, 흔들리는 마음을 다잡으려 애썼다.

'그래도 뭔가 방법이 있을 거야. 잘하는 사장들은 어떻게 버티지? 누가 좀 나를 도와줄 순 없나?'

그는 스스로 수십 번 던져온 이 질문에 늘 뾰족한 해답을 찾지 못했다. 그러나 이대로는 더 버틸 수 없다는 사실도 점점 명확해졌다. 자존심이 문제일까, 비용이 문제일까. 무언가 새로운 게 필요하다고 느낀다. 부딪히고 깨지며 스스로 배워온 지난 세월이었지만, 이제 그마저도 한계에 다다른 것 같다.

고요한 사무실 안, 철제 서류함이 삐걱거리는 소리만 무심히 울린다. 김 대표는 잠시 책상에 머리를 기댄 채, 눈을 감고 상상의 나래를 펼쳤다. '다른 경영자들은 안 그런가? 체계적으로 컨설팅을 받는다거나, 파트너를 구해서 함께 뛰어들기도 한다는데….'

그리고 문득 떠오르는 어떤 세미나 홍보 포스터. '중소기업을 위한 전문가 상담회, 지금 신청하세요!'라고 적힌 문구가 있었다. 그걸 보며 잠깐 '한번 가볼까?' 생각했던 기억이 어렴풋이 떠오른다.

서류 더미 사이에서 찾아낸 그 포스터. 눈이 침침해 살짝 흔들리는 글자를 다시 확인한다.

'당신의 고민, 이제는 혼자가 아닙니다.'

문장은 짧았다. 그러나 그 한 줄에 마음이 많이 흔들렸다. 그만큼 그의 현실은 막다른 골목에 가까웠다. 다음 날 아침이 되어도 그 포스터 내용이 자꾸 생각날 것 같았다. 무엇이든 시도하지 않으면, 이 늪에서 벗어날 수 없을 것만 같았기에.

김 대표는 작은 탁자 위 종이컵을 들어, 남아 있던 커피 한 모금을 마신다. 식어버린 쓴맛이 혀끝을 싸하게 맴돈다. 여느 때처럼 눈앞의 서류부터 처리하다가 또 밤을 새우겠지. 그래도 언젠가는 숨통이 트일 순간이 오리라 믿고 싶다.

그는 액자 속 자신에게 시선을 돌린다. 한때는 분명 희망과 패기로 가득 찼던 그 표정. 어쩌면 다시 찾을 수도 있지 않을까.

지금 이 고독한 야근이 단지 허무한 시간이 아니라, 새로운 시작점이 될 수도 있으니까.

벼랑 끝에 선 대표

#1

마지막으로 남은 희망

　김정우 대표는 또다시 새벽까지 남아 사무실 한구석에 앉아 있었다. 몇 시간 전까지만 해도 종이를 뽑아내던 복합기가 멈추자, 텁텁하던 공기도 조금은 차분해졌다. 하지만 그의 마음속은 여전히 어지럽기만 하다. 쌓여 있는 서류 더미를 보며 괜히 볼펜 끝을 톡톡 두드리는 버릇이 다시 도졌다. 마치 무언가 결심이라도 해야 할 것 같은 묘한 긴장감에 사로잡혔다.

　월말이 다가올수록 회사의 재무 상태는 더욱 팍팍해졌다. 이번 달에는 원자잿값을 치르기도 빠듯했고, 다음 달에는 직원들 월급도 제때 줄 수 있을지 장담하기 어렵다. 당장 은행 대출만으로는 숨통을 틔우기 힘든 상황이다. 거래처마저 결제일을 자꾸 미루니 현금 흐름이 막힌 지 오래다. '더 이상 물러설 곳이 없다'라는 생각을 한번 품고 나니, 모든 것이 더 절박하게 느껴진다.

책상 모서리에 놓인 달력을 가만히 들여다봤다. 그는 '내일이 벌써 25일이네' 하고 중얼거렸다. 언젠가부터 날짜는 그저 '언제 얼마를 내야 하는지'를 확인하기 위한 수단이 되어버렸다. 한 주 한 주 지나갈 때마다 지출이 예정되어 있고, 돌아오는 것은 고지서나 독촉장뿐이다. 열심히 제품을 만들어 팔아도, 자금이 제때 들어오지 않으니 자꾸 쫓기는 느낌을 받는다.

'이러다가 정말 회사 문 닫아야 하는 걸까?'

그는 한숨을 쉬며 의자를 뒤로 젖혔다. 머릿속에서는 몇 년 전과 달리 모든 게 제자리에서 멈춘 듯한 느낌이 떠나지 않았다. 물론 이대로 손 놓고 있을 수는 없다. 대표로서 책임져야 할 사람들도 있고, 자신도 최선을 다해 여기까지 달려오지 않았는가. 그런데도 상황이 좀처럼 나아지지 않으니, 스스로가 무능하다 여길 뿐이다.

'아차! 세미나!'
이윽고 그는 핸드폰을 들어 메시지를 확인했다. 얼마 전부터 여기저기서 들어오는 '무료세미나' 안내나, '중소기업지원제도' 소식들이 잔뜩 쌓여 있었다. 보통이라면 스팸 메시지이겠거니 하고 넘겼겠지만, 오늘은 왠지 한 번이라도 클릭해보고 싶다는 생각이 들었다. 이제는 누구라도 나를 도와주었으면 하는 마음이다.

그러나 현실은 녹록지 않다. 정보가 넘쳐흘러도, 실제로 어떤 선택을 해야 할지 막막하기만 하다. "컨설팅? 고급 정보? 그런 걸 받으려면 비용도 만만치 않을 텐데." 그는 혼잣말하다가 자신의 목소리에서 씁쓸함을 느꼈다. 자금 사정이 이런데, 혹시 돈만 더 들이고 끝나는 것은 아닐까, 싶었다. 간혹가다 승승장구하는 것처럼 보이는 회사 대표들이 말은 다 안 해도 컨설팅사를 끼고 회사를 만들어간다는 이야기를 들었다.

결국, 다시 시선을 돌린 것은 책상 위에 펼쳐진 A4 용지들. '운전 자금 부족 시 대처 방안'이라는 제목이 붙은 자료부터 '노무 관리 개선을 위한 체크리스트' 등 다양한 서류가 뒤섞여 있다. 어느 것 하나 대충 넘길 수 없는 일이다. 오래전에 정리해둔 문서를 다시 훑어보면서, 그동안 놓치고 있던 정책자금이나 세제 혜택이 있을지도 모른다는 희미한 희망을 되살려본다.

'그래도 내가 손 놓고 있을 수는 없지.'

뻔히 알지만 실행하지 못했던 일들을 떠올리며, 그는 자신을 억지로 다독였다. 지금 회사가 이렇게 힘든 건 여러 이유가 있겠지만, 어쩌면 그중 가장 큰 문제는 '도움받을 용기'가 부족했다는 사실일지도 모른다. 대표로서 스스로 모든 걸 해내야 한다는 압박감이 커질수록, 어느새 주변에 손을 내미는 것이 부끄러워졌다.

하지만 더는 피할 수가 없다. 머릿속에서는 계속해서 두 가지 길을 번갈아 그려본다. 하나는 이대로 버티면서 조금씩 상황이 나아지길 바라는 길, 또 하나는 제대로 된 파트너나 조언자를 찾아 도전해보는 길. 평소였다면 '비용만 들고 별거 없을 것'이라고 못 박아버렸을 텐데, 오늘따라 마음 한구석에서 묘한 기대가 꿈틀거린다.

'정말, 누군가가 이 상황을 함께 고민해줄 순 없을까?'

그는 반복해서 떠오르는 질문에 억지로 답을 해보려 한다. 자존심과 체면을 조금 내려놓는다면, 어떤 가능성이 열릴지 모른다. 이대로 혼자 무너지는 것보다는, 단 하나의 희망이라도 붙잡아 보는 편이 낫다는 생각이 들었다. 물론 그 희망이 뭘지 아직 정확히는 모르겠지만.

자동으로 꺼졌다 켜진 모니터 화면이 이번 달 매출 그래프를 띄운다. 이전 달 대비 꽤 하락해 있는 그래프를 보며, 그는 손가락 마디를 꾹꾹 누른다. '기적은 그냥 오지 않는 법이니까. 결국, 내가 행동해야겠지.' 가슴 속에 아릿한 열기가 일어난다. 무엇이든 시도하지 않으면 안 될 것 같았다.

결국, 김 대표는 남은 서류를 대충 정리해 가방에 넣고, 핸드폰에 저장된 세미나 스케줄을 다시 확인했다. 이틀 뒤, 근처 컨벤션 센터에서 중소기업인들을 대상으로 한 어떤 행사가 열린다는 안내 메시지가 있었다. '가지 않아봤자 후회만 남겠지? 그냥 가보자, 들어보자.' 그는 그렇게 작은 결심을 품고 사무실 불을 끄기로 했다.

창밖은 어느덧 동이 트고 있었다. 엷게 밝아오는 하늘 아래, 건물 간판들이 하나둘 빛을 잃어가는 모습이 문득 낯설게 느껴졌다. 정적 속에서 그는 이른 아침 공기를 가르며 골목을 걸어 나왔다. 마음이 완전히 가벼워진 건 아니지만, 적어도 '마지막으로 남은 희망'을 붙잡아야겠다는 의지만큼은 조금 더 확실해진 듯했다.

"이제부터 뭘 하든, 그냥 손 놓고 있는 것보단 낫겠지."

그는 그렇게 자신을 달래듯 중얼거리면서, 내일은 또 어떻게 버텨야 할지 모르는 하루를 향해 발걸음을 옮겼다.

#2

가족에게 털어놓지
못하는 마음

김정우 대표가 집에 도착했을 때는 아침 6시를 훌쩍 넘긴 시각이었다. 어두웠던 하늘은 어느새 밝아지고 있었다. 반쯤 뜬 해는 창문 가장자리를 물들이고 있었다. 신발을 벗고 현관에 들어섰다. 창밖 새소리가 희미하게 들려왔다. 마치 평화로운 일상의 시작을 알리는 소리처럼 느껴졌다. 그래도 그에게는 조금도 여유가 없는 아침이었다.

"벌써 아침이네…."

그는 속으로 중얼거리며 거실로 발걸음을 옮겼다. 소파에는 얇은 담요가 구겨진 채 놓여 있었다. 식탁 위에는 늦은 밤까지 공부했는지 아이의 책과 필기구가 어지럽게 흩어져 있었다. 보통 같으면 이런 풍경이 일상의 소소한 행복으로 다가왔을 텐데, 오늘은 왠지 허전한 기분이 들었다. 회사 일로 머리가 가득해서인지, 가족이 있는 집임에도 편히 쉴

틈 없이 마음이 무거웠다. "대표는 힘든 거야, 원래." 누가 했던 말이 문득 떠올랐다.

아내 민정은 벌써 부엌에 나와 있었다. 조용히 다가간 김 대표는 그를 등진 채 싱크대에 서 있는 아내의 뒷모습을 보며 잠시 망설였다. 몇 시간 전까지 회사 자금을 걱정하며 밤을 새웠다는 것을 어떻게 설명해야 할지 막막했다. 아내에게 고민을 털어놓아도 될까, 아니면 그냥 별일 없다고 둘러대야 할까. 머릿속에서 두 갈래 생각이 끊임없이 싸웠다.

"어, 들어왔어?"

아내는 남편의 인기척을 느꼈는지 고개를 돌려 인사를 건넸다. 김 대표는 애써 미소를 지으려 했지만, 표정이 어색하게 굳었다.

"응…. 조금 일이 있어서 늦었어. 바쁘다 보니 시간이 훅 갔네."

자신도 모르게 기계적인 답변이 튀어나왔다. 아내는 남편의 목소리에 묻어나는 피곤함을 느꼈는지, 걱정스러운 시선으로 그를 바라봤다.

"얼굴빛이 안 좋아 보이는데, 괜찮아? 회사에 무슨 일 있어?"
"아니. 그냥 일이 많아서 그래."

김 대표는 한 번 더 애써 웃으며 고개를 돌렸다. 설명하기 시작하면 끝도 없고, 오히려 아내까지 불안하게 만들 것 같았다. 어차피 당장 해결책이 있는 상황도 아니니, 괜히 가족의 마음을 무겁게 할 필요가 없다고 자신을 스스로 합리화했다.

그 사이 아이가 방에서 나온 듯, 조그만 발소리가 거실 쪽으로 다가왔다. 초등학생인 딸아이는 아직 부스스한 얼굴로 머리를 긁적이며 아빠를 쳐다봤다.

"아빠, 이제 오는 거야?"
"어…. 좀 일이 늦게 끝났지. 너도 이제 학교 갈 준비해야지."
"응. 밥 빨리 먹고 가야지."

딸아이는 아빠에게 다가와 잠깐 안기더니, 이내 서둘러 화장실로 들어갔다. 김 대표는 그 짧은 순간에도 미안함과 따뜻함이 교차하는 묘한 감정에 사로잡혔다. 안아줄 때의 포근함이 마치 '괜찮아, 아빠'라고 말해주는 것 같아 왠지 울컥해졌지만, 한편으로는 자책감이 커졌다. '내가 가장으로서 제대로 못 하고 있는 건 아닐까?'

"밥 먹을래? 아니면 좀 자고 나서 먹을래?"
아내가 조심스레 물었다. 김 대표는 흐리멍덩한 정신을 다잡으며 고개를 저었다.
"먼저 샤워 좀 하고 나서 먹을게. 너도 회사 나가야 하잖아. 내가 도울 게 있으면 말해."
"아니, 난 괜찮아. 당신이 쉬어야지."

아내는 그렇게 말하면서도, 남편의 상태를 걱정스러운 눈빛으로 살폈다. 김 대표는 그 시선을 피하듯 고개를 돌려 욕실로 향했다. 샤워기에서 쏟아지는 따뜻한 물줄기가 피부에 와닿았다. 그래도 머릿속을 채운 고민은 흐르지 않고 그대로 남아 있었다. 이토록 힘든 상황을 아내에게 다 털어놓을 수 있다면 얼마나 좋을까. 그러나 그런 생각이 들 때마다, '가뜩이나 힘들어하는데 내가 더 큰 짐을 지우는 건 아닐까?'라는 불안감이 엄습했다.

샤워를 마치고 수건으로 물기를 닦아내며 그는 거울 속 자신의 눈빛을 마주했다. 거울에 비친 얼굴이 한층 더 야위어 보였다. '회사를 잘 키워가는 사장'이라는 자부심은 어디로 갔을까. '버티기만 하는 가장'이라는 초라함만 남은 기분이었다. 문득 '이대로 진짜 무너질까 봐 두렵다'라는 마음이 가슴 깊은 곳에서 밀려왔다.

거실로 나왔을 때는 이미 아내가 아이와 함께 아침 식사를 마칠 즈음이었다. 식탁 위에는 남겨진 국과 밥이 자그마하게 놓여 있었다. 김 대표는 억지로라도 밥을 한두 숟가락 뜨려 했지만, 속이 타들어 가 도무지 입맛이 나지 않았다.

"오늘 출근 시간을 좀 늦춰도 될 것 같은데⋯. 좀 자고 회사 가."

아내는 조심스러운 목소리로 말했다. 김 대표는 고개를 끄덕여보였다. 그렇지만 안방 침대에 누워본들 마음이 편할 리 없다는 걸 잘 알고 있었다. 그래도 아내의 배려에 감사하다는 말이라도 건네야 할 것 같았다.

"고마워. 나 잠깐 누워 있을게."

그는 그렇게 말하고 방으로 들어갔다. 문을 닫으려는 순간, 아내가 "무슨 일 있으면 꼭 이야기해"라고 말했다. 김 대표는 대답 대신 문을 살짝 닫아버렸다. 마음 한편에서는 '그래, 사실은…' 하고 모든 것을 털어놓으라고 했다. 하지만 주저하는 마음이 훨씬 더 컸다.

'아직은 때가 아니야. 내가 조금만 더 버티면, 뭔가 해결책을 찾을 수도 있으니까….'

그는 자신에게 그렇게 타이르듯 생각했다. 가장 대하기 어려운 이들이 바로 가족이라는 말이 떠올랐다. 참으로 아이러니한 기분이 들었다. 회사에 다녀온 뒤, 또 어떤 밤을 맞이할지 모르겠지만, 적어도 현재까지는 '가장'으로서 무너지지 않는 모습을 유지하고 싶었다. 결국, 그가 껴안은 고독은 아침 햇살 속에서도 조금도 옅어지지 않은 채, 그의 어깨를 누르고 있었다.

#3

멈춰버린 성장곡선

아침이 된 지 한참 지나서야 김정우 대표는 가까스로 눈을 떴다. 제대로 잠들었다기보다, 피곤함에 지쳐 잠깐 의식을 놓았다 정도가 맞는 거 같다. 몸을 일으키려니 어깨부터 허리까지 쑤셨다. 하지만 출근 준비를 미룰 수도 없어 억지로 몸을 일으켜 세웠다. 자리에 앉자마자 잔뜩 구겨진 와이셔츠를 펼쳐 들고 한숨을 내쉰 뒤, 부랴부랴 갈아입기 시작했다.

시계를 보니 이미 오전 10시를 훌쩍 넘겼다. 평소에도 자주 출근이 늦기는 했었다. 그러나 오늘, 기운이 바닥난 상태에서 회사를 향하는 발걸음은 유독 무겁게 느껴졌다. '점심시간 전에 도착하기만 해도 다행이지!' 하는 생각이 들었다. 직원들이 "우리 대표님은 왜 이리 늦게 오지?"라며 수군거리지는 않을까, 괜히 신경이 쓰였다.

사무실 문을 열고 들어서자, 왠지 공기가 팽팽하게 느껴졌다. 책상 위에는 며칠 전부터 쌓여 있던 우편물과 광고지, 그리고 결재를 기다리는 계약서들이 그대로 방치되어 있었다. 가장 눈에 띄는 것은 새로 도착한 견적서와 거래처 발주 서류. 수량이 부쩍 줄어든 주문 내역이 적혀 있었다. 그 수치는 예전과 비교했을 때 현저히 낮아보였다.

"대표님, 오셨어요?"

경리 담당인 서은영 과장이 다가와 인사를 건넸다. 김 대표는 간단히 고개로 답했다. 어딘가 미안한 마음도 들었지만, 무거운 표정이 풀리지 않았다.

"오늘 거래처 회의 있다고 했지요? 점심시간 지난 후에 온대요."

서 과장은 잔뜩 긴장한 얼굴이었다. 아무래도 최근 회사가 제때 납품 일정을 맞추지 못했던 탓인지, 거래처의 불만이 커지고 있다는 게 느껴졌다.

김 대표는 서류 몇 장을 들춰보다가, 지난달과 그 이전 달의 매출 그래프를 비교했다. 꾸준히 우상향하던 그래프가 1년 전부터 서서히 꺾이기 시작했다. 그러더니 지금은 사실상 바닥을 기고 있었다. 문제는 매출만 하락하는 것이 아니었다. 회사 전체의 운영이 멈춰 선 기분이라는 것이 더 컸다. 설비 투자를 늘리기도 애매하고, 신제품을 개발할 인력도 부족하다. 경쟁사는 다양한 인증과 지원금 혜택을 잘 활용하며 승승장구하는데, 우리는 뭘 해도 뒷북치는 모양새였다.

"어떻게 이 지경이 되었지?"

김 대표는 모니터에 띄워진 그래프를 멍하니 바라보다, 작은 목소리
로 탄식했다. 저 그래프는 마치 회사의 심장 박동이 점차 잦아드는 모
습처럼도 보였다. 원인이 복합적이라는 걸 알았다. 어디부터 해결해야
할지 막막했다. 예전에는 조금만 노력하면 뭐든 잘 풀릴 것만 같았다.
그런데 어느 순간부터 허리가 꺾인 듯 제대로 움직이지 못하고 있다.

그 사이, 사무실 안을 둘러보니 직원들이 제각각 자리에 앉아 무언가
를 하고 있었다. 활기는 느껴지지 않았다. 모두 제 자리에서 의미 없이
컴퓨터 화면을 뚫어져라, 쳐다보고 있었다. 뚜렷한 목표나 열정이 보이
지 않았다. 김 대표는 그 모습이 괜히 마음에 걸렸다. 회사를 이끌어갈
동력이 사라졌다는 듯, 다 같이 가라앉아 있는 분위기였다.

"대표님, 오늘 오후에 있던 미팅은…. 일단 유선으로 일정 조율하겠
습니다."

서 과장이 신중한 목소리로 말을 건넸다. 김 대표는 달력을 훑으며
어정쩡하게 고개를 끄덕였다. 미팅, 회의, 서류 작성…. 하나하나가 다
중요해 보이는데, 어느 것도 확실히 집중하지 못한 채 그냥 흘려보내는
느낌만 들었다. '도대체 이렇게 해서 언제, 어떻게 다시 회사가 성장할
수 있을까?' 하는 회의가 계속되었다.

그는 사무실 창문으로 시선을 돌렸다. 맑은 하늘과 반짝이는 햇살이

펼쳐져 있었지만, 그저 멀게만 느껴졌다. 벽 한편에 걸려 있는 회사 비전 '지속적인 혁신과 성장!' 또한, 무색해보였다. 불과 몇 년 전만 해도 그 문구를 바라보면 가슴이 뛰었다. 그러나 지금은 그저 허무한 문장으로만 느껴졌다.

김 대표는 고개를 숙였다가 일어나며, 자신도 모르게 손을 꽉 쥐었다. '어떻게든 벗어나야지. 아무리 그래도, 이렇게 포기할 순 없잖아.'
당장은 어떡해야 할지 모르지만, 적어도 한 가지 확실한 건 '더 이상 시간을 흘려보낼 수는 없다'라는 사실이었다. 멈춰버린 성장곡선을 다시 올려놓을 새로운 길이 필요했다. 지금까지는 혼자 해결하려고만 애썼다. 과연 다른 해법은 없을지, 그가 어젯밤 간신히 품은 희망을 다시 한번 떠올려볼 시점이었다.

#4

과거 성장의 기억

사무실 한쪽에 있는 작은 진열장에는 회사가 한창 잘나가던 시절의 자료들이 빼곡히 꽂혀 있었다. 두툼한 스크랩북, 사진 앨범, 오래된 제품 샘플까지. 김정우 대표는 잠시 고민하다가 그 중 가장 두꺼운 스크랩북을 꺼내 살펴보기 시작했다. 먼지가 내려앉은 표지를 털어내자, 그 안에는 옛날 기사나 홍보물, 상장 등이 꼼꼼히 붙어 있었다.

첫 장을 펼치자 반가운 얼굴들이 눈에 들어왔다. 당시 김 대표와 직원들이 함께 찍은 사진이었다. 오랜만에 보는 자신의 웃는 얼굴이 신기하게 느껴졌다. 그때는 열정이 넘쳐서, 시장이 조금만 반응을 보여도 "이거 된다!"라며 모든 직원이 어깨춤을 췄다. 소규모 회사였지만 분위기만큼은 그 여느 대기업 못지 않았다.

"저 때는 정말 잘될 줄만 알았지…."

그 무렵에는 정부 지원사업에도 몇 번 선정되어, 회사 규모가 조금씩 커지던 시기였다. 언론 홍보 기사를 스크랩한 페이지에는 '혁신 기술로 새로운 도전에 나선 젊은 CEO'라는 뻔한 제목이 보였지만, 김 대표에게는 그 문구마저 당시에는 가슴 설레는 일이었다. 매일 밤을 새워가며 제품 개발에 몰두했고, 고객들의 호응도 제법 좋아서 매출 곡선도 꾸준히 우상향을 그렸다.

스크랩북 중간에는 다양한 모임과 시상식 사진도 끼워져 있었다. 작은 상이지만, '지역 우수기업'으로 선정된 적도 있었고, 한때는 경제 관련 잡지에 인터뷰 기사가 실리기도 했다. 사진 속 김 대표는 '우리 회사도 이제 자리 잡았구나' 하는 자신감에 차 있었다. 그 시절 에너지를 다시 한번 느끼고 싶었다. 그는 페이지를 넘길 때마다 마음 한구석이 저릿해졌다.

하지만 마지막 부분에 가까워질수록, 기사나 홍보물이 뜸해졌다. 성장세를 이어가지 못하고, 어느 순간부터 언론에서도 회사 소식이 끊긴 것이다. '원자재 가격 상승, 경쟁업체 등장' 같은 시장 변화가 두드러지기 시작했고, 내부적으로도 확장만 좇다가 운영이 삐걱거리게 되었다. 기세 좋았던 때에 충분한 내실을 다져두지 못한 대가였을지도 모른다.

"저 흐름대로만 갔으면, 지금쯤 더 크게 도약할 수도 있었을 텐데…."

김 대표는 옛 기사를 뚫어져라, 보면서 혼잣말을 했다. 당시 기술 우

위에 자신이 있었는데, 비슷한 기술을 경쟁사들이 연이어 출시하며 시장이 빠르게 재편되었다. 과거에는 조금만 튀는 시도로도 주목받았지만, 어느새 시장이 더 치열해져버렸다.

진열장 옆에는 몇 해 전에 만든 광고 패널이 세워져 있었다. 장비나 설비를 소개하는 이미지, 제품 사양과 장점을 내세운 문구가 큼지막하게 박혀 있었다. 그때만 해도 매출이 얼마쯤 오를 것이고, 추가 투자도 가능할 것이라고 장담했었다. 그러나 실제로는 그 광고가 크게 효과를 보지 못했다. 결국, 회사는 점점 불안정한 수익 구조에 갇혀버렸다.

그는 스크랩북을 다시 덮고 진열장 위에 살짝 놓아두었다. 한때의 성공을 볼 수 있던 그 자료들이 이제는 '지나가버린 기회'처럼 느껴지는 게 씁쓸했다. 과거의 영광이 아예 거짓은 아니었지만, 그때 누리지 못했던 더 큰 가능성을 돌아보니 아쉬움이 밀려들었다.

"그래도 못해도 이만큼은 했었는데…."

마지막 페이지에 붙어 있던 기사를 힐끗 본 뒤, 김 대표는 작게 숨을 내쉬었다. 지금은 그 기세가 뚝 끊긴 상태지만, 어쩌면 다시 한번 도약할 기회가 있을지도 모른다. 그는 옛 기사 제목들 대신, 앞으로 이 회사를 어디로 끌고 갈 수 있을지를 생각해보고 싶었다. 지나가버린 과거에 머무르는 것보다, 현실을 돌파할 묘안을 찾는 것이 훨씬 절실했으니까.

얼마 후, 사무실 문이 열리고 직원 한 명이 조용히 다가왔다.

"대표님, 저 혹시 잠깐 이야기 좀 할 수 있을까요?"

김 대표는 스크랩북을 옆으로 치우고 고개를 들었다.

"그래, 무슨 일인가요?"

직원은 조심스레 뭔가 말하려고 했지만, 주변의 시선을 의식하는 듯했다. 김 대표는 가벼운 미소를 띠며 그를 편히 앉도록 권했다.

"앉아서 차분히 이야기합시다. 여기서 곧 정리할 게 있는데, 고민이 있나 보네요."

직원은 작게 고개를 끄덕이며, 작게 한숨을 내쉬었다. 김 대표는 그 모습에서 예전 '나 자신'을 보는 듯해 마음이 짠해졌다. 같은 고민을 반복하고 있으니, 얼마나 힘들까 하는 생각과 함께.

직원의 표정을 살피며 김 대표는 결심했다.

'과거 영광에 머물 틈도, 지나간 실패에 매달릴 여유도 없다. 지금부터라도 다시 잘 해봐야지….'

언젠가 이 회사가 또다시 날아오를 수 있다면, 지금이 기회일 수도 있었다. 그는 그렇게 마음을 다잡으며, 직원과의 대화에 집중했다.

#5

다시 어두워진 사무실

직원과 잠깐의 면담을 마치고 난 뒤, 김정우 대표는 그를 배웅했다. 짧은 대화였지만, "대표님, 사실 이 부분이 힘들었습니다"라며 털어놓는 이야기를 들으니 가슴 한편이 묵직해졌다. 문을 닫고 나니 어느새 사무실 안에는 김 대표 혼자만 남아 있었다.

해가 저물 무렵, 당직 근무가 잡힌 생산 현장 직원만 공장 쪽에 몇 명 남아 있었다. 밖에서 들려오는 자동차 소리가 퇴근 시간대의 부산함을 말해주고 있었다. 반면에 사무실 안은 점점 고요해졌다.

그는 멍하니 모니터 화면을 바라보다가, 자리에서 천천히 일어섰다. 살짝 귀가 먹먹한 느낌마저 들 정도로 주변이 정적에 휩싸였다. 오늘도 별다른 성과 없이 하루가 흘러가버렸다는 허탈함이 마음을 짓눌렀다. 아침부터 거래처와의 미팅이며 직원 문제 등 몇 가지 일들을 처리했지만, 뚜렷이 달라진 건 없어보였다.

커다란 창가에 서서 어둑해진 바깥 풍경을 바라봤다. 거리의 가로등 불빛이 하나둘 켜지고, 인근 상가의 간판들이 무심하게 반짝였다. 한낮에는 복잡해 보였던 세상도 저녁이 되면 이렇게나 차분해진다. 김 대표는 깊은 한숨을 내쉬었다. 낮 동안 받은 서류며 견적서를 정리해야 할 텐데, 손이 잘 움직여지지 않았다.

'언제까지 이 상황을 버틸 수 있을까?'
그는 머릿속에 떠오른 이 문장을 되뇌며, 답답한 마음을 떨쳐내려 애썼다.

그때, 복도에서 발소리가 들리더니 누군가 사무실 문을 가볍게 두드렸다. 깜짝 놀라 돌아보니, 서은영 과장이었다. 퇴근했다가 뭔가 잊은 물건이 있는지 다시 들른 모양이었다.

"대표님, 아직 안 가셨어요?"
"네, 조금만 더 정리하다가 갈 생각이었어요."
김 대표는 대수롭지 않다는 듯 대꾸했지만, 서 과장은 걱정스러운 표정을 지었다.

"오늘 온종일 힘들어 보이시던데…. 내일 일찍 오셔야 하는 일정도 있잖아요. 오늘은 일찍 들어가셔서 쉬시는 게 어떨지…."
"네…. 그렇기는 한데, 좀 더 봐야 할 서류가 많네요."

서 과장은 대답 없이 사무실 안을 둘러봤다. 창가 근처가 유난히 어두침침해보여, 스위치를 찾아보려 눈을 움직였다. 그러나 김 대표는 애써 불을 더 켤 생각조차 하지 않는 듯했다. 그저 서류와 모니터에만 시선을 고정하고 있었다.

"그럼…. 먼저 들어가 보겠습니다. 너무 늦지 않게 퇴근하세요."

서 과장은 한 번 더 살짝 고개 숙여 인사하고, 조심스레 사무실을 빠져나갔다. 문이 닫히자마자 김 대표는 다시 홀로 남겨진 기분이 들었다. 저만치 복도에서는 서 과장의 발소리가 점점 멀어져 갔다.

'오늘도 역시 이렇게 끝나는군….'

의자에 몸을 기댄 채, 머리를 뒤로 젖혔다. 반쯤 감긴 눈으로 천장을 바라보니, 온종일 쳐다봤던 형광등이 한결 흐릿하게 번져 보였다. 직원들에게 괜찮은 척해야 하는 시간은 이미 끝났지만, 그렇다고 집에 가서 가족과 편히 쉴 수 있을지도 장담하기 어렵다. 내일은 또 내일 대응해야 할 일이 산더미일 테니까.

결국, 책상 위에 흩어진 서류를 손에 들고, 하나씩 훑어보기 시작했다. 일부는 정책자금 관련 내용, 일부는 인증 절차, 또 일부는 노무나 세무와 관련된 문서였다. 딱히 어디서부터 손을 대야 할지, 구체적인 계획이 잡히지 않은 채 마구잡이로 쌓여 있다.

'그 세미나에 다녀오면 뭔가 달라질까…?'

그가 어젯밤 마음먹었던 생각이 또다시 떠올랐다. 혼자 여기저기 뛰어다니고, 정보를 검색해본다고 해서 해결될 문제가 아니라는 것을 알고 있다. 그러면서도 섣불리 누군가에게 도움을 청하는 것이 두려웠다. 비용이나 시간 낭비가 되면 어쩌나, 지금은 회삿돈 한 푼도 허투루 쓸 수 없는 처지니 더욱 조심스러웠다.

하지만 이대로 가면 회사의 내일이 더 막막해질 뿐이다. 경쟁사는 빠른 속도로 성장 중이라는 이야기를 직원들을 통해 전해 들었다. 공급업체들이나 거래처들도 다른 대안을 찾으려 기웃거린다는 소문이 심상치 않았다. 김 대표는 서류를 내려놓고, 다시 창밖을 바라봤다. 건물 외부 조명이 또 몇 개 꺼져, 밤의 정적이 더욱 짙어져 있었다.

"정말 누가 나 대신 고민해주고, 해결해주는 곳이 있다면 얼마나 좋을까…."

그는 혼잣말을 내뱉었다. 대표라는 자리에 서면, 모든 책임이 나, 혼자에게 돌아온다는 사실이 가장 무겁게 다가온다. 어쩌면 이 외로움이 더 이상 참기 힘든 지경에 이르렀는지도 모르겠다. 근래 들어 직원들의 시선이 마냥 편하지 않고, 가족들에게도 매번 '괜찮다'라는 거짓말만 반복하게 된다.

'그 누구에게도 속내를 털어놓기 어렵다면, 결국 나 스스로 뭔가를 해야지.'
곱씹을수록 그 세미나에 참석하겠다는 결심이 커졌다.

같은 건물에서 저녁까지 영업하는 편의점 불빛이 아직 남아 있는지 확인하고 싶은 충동이 들었다. 허기진 것도 같고, 편의점에서 뭘 사다 먹으면 조금이나마 기운을 차릴 수 있지 않을까. 김 대표는 늦어지는 퇴근 시간에 아쉬움을 느끼면서도, 자리를 박차고 일어나지 못했다. 또 한 번 '다음 서류만 조금 더 보고…'라는 생각에 발목이 잡힌다.

결국, 시간은 꼬리를 물고 흘러, 사무실 안은 완전히 어둠에 잠식된 듯했다. 창밖 네온사인조차 하나둘 꺼져가고, 외부의 인기척도 점점 잦아들었다. 그는 잠시 모니터를 끄고 침묵 속에서 어두운 사무실 풍경에 시선을 두었다.

'아마 이 시간에, 다른 사장들도 이런 식으로 혼자 남아 있을까?'

그렇게 끝나지 않는 생각을 품으며, 다시금 오늘이 지나간다. 대책 없이 또 하루를 보내는 게 아닌가 싶어 마음이 무거웠지만, 최소한 자신에게 다짐하듯 말했다.

'그래, 일단 세미나에 가보자. 거기서 뭔가를 느낄 수도 있겠지.'

그러고 나서야 그는 가늘게 숨을 토해내며, 자리에 앉은 채 마지막으로 서류를 몇 장 더 훑었다. 이것을 처리해야 퇴근할 수 있다는 스스로 강박관념 때문이기도 했지만, 어쩌면 회사가 조금이나마 나아질 실마리를 잡고 싶어 간절히 발버둥치는 마음 때문이기도 했다.

뜻밖의 인연

#1

세미나, 갈까? 말까?

다음 날 오전, 김정우 대표는 평소와 달리 비교적 이른 시간에 사무실에 도착했다. 새벽까지 야근하다시피 했음에도, 오늘은 왠지 모르게 서두르게 되었다. 어제까지 쌓인 피로가 완전히 가시진 않았지만, '세미나'가 그를 가볍게 일으켜 세웠다.

사무실에 들어서자마자, 그는 달력을 확인했다. '오후 2시, 중소기업 지원 세미나'라고 적어둔 메모가 시선을 붙잡았다. 지금은 오전 9시를 좀 넘긴 시각. '어차피 꼭 가야 할 일도 많은데, 시간을 잘 조절해야지'라며 속으로 중얼거렸다.

사실 그는 어젯밤에도 여러 번 망설였다. '세미나에 가봤자 별 소득 없이 시간만 허비하는 건 아닐까?', '기껏 참석해도 기업 홍보나 관 주도 행사에서 구체적 도움을 기대하기 어려울 텐데…' 그런 생각들 탓에 잠들기 직전까지 고민을 거듭했다. 하지만 아무것도 하지 않는 채로 회사 상황이 저절로 좋아질 리 없다고, 자신을 스스로 다그치듯 결론을 내렸다.

"대표님, 오늘은 좀 일찍 오셨네요."

책상 정리를 하던 경리 서은영 과장이 밝게 인사를 건넸다. 김 대표는 목이 살짝 잠긴 목소리로 대꾸했다.

"네, 오늘 밖에 나갈 일이 좀 있어서. 세미나를 한번 가보려 합니다."

그러자 서 과장은 관심을 보이며 고개를 갸웃했다.

"어떤 세미나인데요?"

"중소기업 관련 지원제도 같은 걸 안내한다더라고요. 갈까, 말까 했는데, 요즘 상황도 있고 하니 궁금한 게 많아서."

서 과장은 "잘됐네요"라며 미소 지었다. 언제나 말없이 늦게까지 남아 고민만 하던 대표가 직접 외부 정보를 얻으러 움직인다는 사실에 안도감이 드는 듯했다.

"그러면 일단 오전에 처리할 우편물 몇 개만 확인해주시면 됩니다. 그리고 어제 왔던 거래처 요청사항도 살펴봐주시고요."

"알겠어요. 점심 전까지는 회사 일 좀 봐야겠네요."

김 대표는 책상 위에 쌓인 우편물과 견적서를 빠르게 훑었다. 늘 하던 일이지만 오늘은 왠지 '점심 전까지만 해치우자'라는 목표가 생겨서인지, 조금 더 속도를 낼 수 있었다. 한동안 느껴보지 못했던 능률이 오르는 기분이 들어서 자신도 놀랐다. 혹여나 회사 일이 걸려 세미나 참석을 망설이게 될까 싶었는데, 오히려 일찍 와서 집중하니 업무가 순조롭게 풀리는 듯했다.

점심시간이 조금 지난 무렵, 김 대표는 자리를 털고 일어났다. 지갑과 명함, 그리고 간단한 메모 수첩을 챙겨 가방에 넣었다. 혹시 모를 상황에 대비해 회사 소개 브로슈어도 한 장 챙겼다. 누군가와 대화가 잘 통하면 건네줄 수도 있겠다는 생각이 들었다.

회사 밖으로 나오자, 한낮의 햇살이 눈부셨다. 그는 오래간만에 느껴보는 햇빛에 잠시 눈을 찡그렸다. 평소에는 사무실 안에서 일만 하느라, 대낮 거리 풍경을 자세히 본 적이 언제였나 싶었다. 조금만 여유를 가지면 이런 소소한 풍경에도 마음이 풀릴 텐데, 그동안 자신이 얼마나 경직되어 있었는지 새삼 깨달았다.

차에 올라 시동을 걸면서, 가슴 한편이 두근거렸다. 지하 주차장을 나서면서도 머릿속에는 여전히 '괜히 가는 거 아니야? 시간 낭비면 어쩌지?'라는 목소리가 맴돌았다. 그러나 동시에 '그래도 뭔가 얻어갈 수 있을지도 몰라. 나랑 비슷한 고민을 하는 사장들을 만나볼 수도 있고, 새로운 정보를 구할 수도 있지 않겠어?'라는 기대도 끓어올랐다. 그간 반신반의했던 컨설팅 서비스나 지원제도에 대해 직접 이야기를 듣고, 혹시 모를 인연을 만들 기회가 될지도 모른다는 생각이 들었다.

"일단 가보자. 후회하더라도 가보고 후회하는 게 낫지."
그는 앞 유리에 비치는 스스로 얼굴을 힐끔 쳐다보며 중얼거렸다. 오랜만에 혼자 외부 행사에 가는 길이다 보니, 뭔가 설렘과 긴장이 뒤섞인 기분이었다. 평소 같으면 '귀찮다, 바쁘다'라며 핑계를 댔을 텐데, 지금은 회사가 처한 상황이 절박해서인지 무엇이든 시도해야 한다는 생각이 강했다.

세미나 장소는 사무실에서 차로 약 20분 거리에 있는 지역 컨벤션 센터였다. 행사 정보를 확인해보니, 중소벤처기업부와 지역 상공회의소가 함께 주최하는 자리라고 했다. '정부 지원사업 소개 및 기업 애로사항 상담회'라는 소개 문구가 눈에 띄었다. 김 대표에게는 애로사항이라 할 만한 것이 산더미였다. 자금, 노무, 인증, 세무, 시장 경쟁…. 뭐 하나 쉬운 게 없으니, 혹시라도 전문가를 직접 만나 이야기를 나눌 수 있다면 꽤 유익할지도 몰랐다.

신호 대기 중, '그래도 이런 세미나, 대체로 형식적일 텐데…. 괜찮을까?'라는 의심이 고개를 들었다. 하지만 이미 여기까지 온 이상 차마 되돌아갈 생각은 하지 않았다. 돌아간들 회사 상황이 달라지진 않을 테니, 우선 부딪쳐보자는 쪽으로 마음이 기울었다.

컨벤션 센터 주차장에 도착해 차에서 내리자, 입구 쪽에서 번잡하게 안내를 하는 사람들이 보였다. 저마다 '기업 상담회'라고 쓰인 팻말을 들거나 '등록 데스크는 어디'라고 외치고 있었다. 행사장 안으로 들어가는 길목에 설치된 배너에는 큼지막하게 '중소기업 지원 세미나 : 어려운 경영, 함께 해결합시다!'라고 적혀 있었다.

김 대표는 후줄근해 보이지 않도록 재킷을 살짝 다듬었다. 이내 명찰을 받을 생각으로 등록 데스크 쪽으로 향했다. 어느 정도 사람이 몰려 있는지 살피니, 의외로 많은 이들이 줄을 서 있었다. 대부분 중소기업 대표나 직원으로 보이는 이들이라, '나만 힘든 게 아니구나' 싶어 묘한 안도감을 느꼈다. 그중에는 굳은 표정으로 서류를 꼭 쥐고 있는 사람이 있었다. 동시에 여기저기 전화를 돌리며 분주하게 움직이는 사람도 보였다.

'이제야 좀 내가 있을 자리에 온 것 같기도 하네….'

김 대표는 줄을 기다리며 주위를 둘러봤다. 잘 모르던 사람들과 정보를 나누고, 또는 전문가 의견을 직접 들어볼 기회가 될 거라고 생각하니, 서서히 마음이 가벼워지는 기분이었다. 아마 여기서 만나는 이들 중에는 자신과 같은 고민을 안고 있는 대표들도 많을 것이다.

짧은 시간이지만, 이미 김 대표의 머릿속에는 여러 가지 시나리오가 떠오르기 시작했다. '혹시 인증 관련 전문가가 와서 상담해준다면? 노무나 세무 같은 분야에 대해 구체적으로 물어볼 수 있으면 어떨까?' 세미나 끝나고 나면 회사 운영에 조금이라도 희망이 생길지 모른다는 작은 기대가 피어올랐다.

그렇게 줄을 따라 천천히 앞으로 나가며, 그는 '생각보다는 잘 왔을지도 몰라'라는 긍정적 예감에 살짝 웃음이 번졌다. 물론 확실한 건 아무것도 없다. 그래도 일단 여기까지 온 이상, 최대한 얻을 수 있는 건 다 얻어갈 생각이었다. 회사가 고여 있는 물처럼 정체되어 있어서는 안

된다는 걸, 어젯밤에 이미 뼈저리게 느꼈으니까.

"김정우 대표님, 등록되셨습니다."

데스크 직원이 손에 쥔 명단에서 그의 이름을 찾고 확인 도장을 찍어주었다. 이렇게 함으로써 김 대표는 수많은 중소기업 대표들과 전문가들이 모인 이 행사장 안으로 정식 입장하게 되었다. 무엇이 기다리고 있을지 아직은 모르지만, 적어도 고독한 사무실에서 서류와 씨름하는 것보다는 훨씬 흥미로운 시작점이 될지도 모른다는 생각이 머릿속을 스쳤다.

#2

첫 강연의 충격

김정우 대표는 세미나가 진행되는 동안 계속해서 자신에게 의문을 던졌다. '정말 여기서 뭔가 얻을 수 있을까?' 강연이 시작된 지 얼마 되지 않았을 때, 그는 여전히 반신반의하며 자리에 앉아 있었다. 처음 보는 사람이 만든 발표 자료를 듣고, 그간 자신이 몰랐던 정보를 얻을 수 있을지, 아니면 그냥 시간만 허비하고 끝날지 불안한 마음을 지울 수 없었다.

강연이 시작되자, 무대 위의 발표자가 마이크를 잡고 말문을 열었다.
"오늘은 정부 지원사업과 중소기업이 받을 수 있는 다양한 혜택에 대해 알아보는 시간을 갖겠습니다."
발표자의 목소리가 이어지자, 김 대표는 잠시 정신을 차리고 강연에 집중하려고 했다. 첫 번째 슬라이드에는 '중소기업을 위한 정책자금 지원'이라는 제목이 크게 적혀 있었다.

"기업이 자금에 대해 고민할 때, 가장 먼저 확인해야 할 항목들이 있습니다. 여러분이 이용할 수 있는 자금 지원은 단순히 은행 대출만 있는 게 아닙니다. 정부와 지방자치단체가 운영하는 다양한 프로그램들이 존재합니다. 그럼, 하나하나 차근차근 살펴보겠습니다."

그 말에 김 대표는 갑자기 긴장이 풀리며 눈을 크게 떴다. '대출이 전부가 아니라고? 다른 지원 방안도 있다는 말인가?' 그는 자기도 모르게 집중하기 시작했다. 그동안 그가 알고 있던 자금 지원 방법은 그저 은행에서 대출을 받거나, 현금 유동성 문제를 해결하는 것뿐이었다. 하지만 발표자는 너무나 당연하게도 '대출 이외의 자금 지원'을 강조하고 있었다.

"중소기업이 받을 수 있는 지원 중 하나는 정책자금입니다. 그리고 여러분이 알게 될 사실은, 정책자금을 받기 위해서는 여러 조건을 충족해야 한다는 점입니다. 예를 들어, 기업의 성장 가능성, 기존 매출 수준, 그리고 기업인증들까지 말입니다."

발표자는 차례로 조건들을 설명하기 시작했다. 김 대표는 문득 자신이 그동안 너무 좁은 시각으로만 생각해왔다는 생각이 들었다. 자금 지원은 단순히 '돈이 필요해서 대출을 받는 것'이 아니었다. '기업의 성장 가능성과 비전'을 보여주고, 그에 맞는 자금을 지원받을 수 있는 체계적인 시스템이 있다는 사실을 알게 된 것이다.

"자, 이제 두 번째로 중요한 점은 '정부 지원사업의 우대 조건'입니다. 많은 사람이 이런 지원이 있어도 자신이 받을 자격이 없다고 생각하는 경우가 많습니다. 하지만 중요한 건 '우리 기업이 어떤 조건을 충족하면 받을 수 있는지'를 파악하는 것입니다."

발표자가 강조한 것처럼, 김 대표는 그동안 자신이 회사 상황을 제대로 분석하지 못했다고 생각했다. 자신이 겪고 있는 어려움이 단순히 '회사 운영의 잘못된 점' 때문이 아니라, '어떤 정책자금을 활용할 수 있는지'에 대한 지식 부족 때문이라는 사실이 커다란 충격으로 다가왔다.

발표자가 차례대로 중소기업이 지원받을 수 있는 자금과 그 조건들을 설명해주었을 때, 김 대표는 여러 번 고개를 끄덕였다. 자금 지원뿐만 아니라, 세금 혜택이나 정부 인증 등을 통해 경쟁력을 키울 수 있는 다양한 방법이 있다는 걸 알게 되었다. 특히, 정부의 여러 가지 인증제도에 대해서도 언급되었는데, 그동안 생각도 못 했던 것들이었다.

"지금까지 들으신 내용이 모두 정책자금과 관련된 내용이었다면, 이제는 중소기업 인증에 관해 이야기해보겠습니다. 중소기업 인증을 받으면, 여러분은 각종 정부 사업에서 우선순위를 부여받을 수 있습니다. 정책자금뿐만 아니라 다양한 정부 계약도 체결할 수 있습니다."

김 대표는 놀라움을 감추지 못했다. 자신이 알고 있던 '인증'이란 단지 제품이나 서비스를 인증하는 수준이었다. 그것이 이렇게 중요한 비즈니스 전략의 일부가 될 수 있다는 사실을 미처 깨닫지 못했던 것이다. '이런 것도 있구나…' 그는 마음속으로 자책하며 생각했다. 그동안 너무 좁은 시각으로만 회사를 바라봤던 것은 아닐까.

발표자가 강연을 이어가며 '사업을 시작할 때 가장 중요한 건 자신의 회사가 성장 가능성이 있다는 것을 보여주는 것'이라고 말했다. 김 대표는 그 말에 강하게 끌렸다. 기업을 성장시키는 데 있어 자금이나 인증도 중요하지만, 무엇보다 중요한 건 장기적인 비전과 전략이라는 것이다.

"오늘 강연의 핵심은 이것입니다. 여러분의 기업이 어떤 문제를 겪고 있든, 정부는 여러분을 지원할 준비가 되어 있습니다. 다만, 이를 어떻게 활용할지에 대한 지식과 전략이 중요합니다."

그 순간, 김 대표는 마음속으로 강하게 결심했다.
'내가 해야 할 일은 여기서 끝내지 않는다. 오늘 이 자리에 와서 얻은 정보를 제대로 활용해, 회사의 내일을 바꾸어야 한다.'

강연이 끝날 무렵, 그는 이제까지 마음속에 가졌던 두려움과 걱정이 조금씩 풀리는 기분을 느꼈다. '이제부터 내가 할 수 있는 게 정말 많다는 걸 알게 된 것 같다'라는 생각이 들었다. 적어도 방향은 잡았다. 자신이 무엇을 해야 할지, 어디서부터 시작해야 할지 알게 된 것이다. 강연장이 환하게 불이 켜지자, 김 대표는 사람들의 대화를 잠깐 들으며 강연장을 나왔다. 이제는 차가운 현실에 맞서 싸울 준비가 된 것처럼 느껴졌다.

#3

경영지도사
박선우 등장

강연이 끝나고 휴식 시간이 되자, 김정우 대표는 행사장 뒤편에 마련된 상담 부스 쪽으로 향했다. 호기심 가득한 시선과 함께. 방금 들은 정보만으로도 머릿속이 북적였지만, 실제로 어떻게 적용해야 할지는 여전히 막연했다. 평소라면 '어차피 대충 아는 이야기겠지'라며 지나쳤을 것이다. 오늘은 왠지 부스를 한번쯤 둘러보고 싶었다.

복도로 나와보니 각종 현수막과 안내 표지판이 눈에 띄었다. 정책자금, 세무·노무, 마케팅, 특허·인증 등 분야별로 나뉜 상담 코너가 여러 개 마련되어 있었다. 이미 몇몇 사장들은 상담 테이블에 앉아 진지하게 이야기를 나누고 있었다. 김 대표는 잠시 망설였다. '어디부터 물어봐야 좋을까? 자금부터 여쭤볼까? 아니면 인증 쪽이 급할까?'

그때, '경영지도사 박선우'라는 이름이 적힌 팻말이 시야에 들어왔다.

간단한 회사 로고가 함께 적혀 있었고, 옆 테이블보다 비교적 한산해보였다. 김 대표는 이름에서 풍기는 인상이 조금 흥미로웠다. 경영지도사라면 '기업 경영 전반을 조언해주는 역할'을 한다는 걸 얼핏 들어본 적이 있었는데, 실제로 대체 무슨 일을 어떻게 해주는지 궁금했다.

살짝 다가가 보니, 한 남성이 단정한 정장 차림으로 테이블에 앉아 노트를 펼쳐놓고 있었다. 30대 후반쯤 되어 보이는 그는 방금 한 상담을 마쳤는지, 고개를 들고 김 대표와 눈이 마주쳤다.

"안녕하세요, 대표님. 혹시 상담이 필요하신가요?"
그쪽에서 먼저 상냥하게 인사를 건네자, 김 대표는 갑작스레 긴장했다. 그래도 머뭇거리다 기회를 놓칠 수 없다는 생각이 들어 조심스레 한 걸음 내디뎠다.

"네…. 안녕하세요. 저는 제조업체를 운영하고 있는데…. 자금 때문에 고민이 많아서…."
김 대표는 자신도 모르게 말끝이 흐려졌다. 평소 친구나 지인에게도 털어놓기 꺼리는 이야기이건만, 오늘은 어쩐지 조심스레 입이 열렸다.

"앉으시지요. 시간 되시면 차근차근 이야기를 들어볼게요."
그가 의자를 권하며 부드럽게 웃었다.
"박선우라고 합니다. 경영지도사로 일하고 있어요."
그 말에 김 대표는 고개를 끄덕이며 맞은편에 앉았다. 명함을 꺼내는 것도 잠시 주저했지만, 일단 이 자리에서 대강이라도 문제를 이야기하고 방향을 잡고 싶었다.

"경영지도사라고 하면 어떤 일을 하시는 건가요?"

김 대표가 조심스럽게 물었다. 사실 정확한 차이는 잘 몰랐기에, 명확히 파악하고 싶었다. 박 경영지도사는 노트 한 페이지를 넘기며 설명을 이어갔다.

"쉽게 말해, 기업의 전반적인 경영 애로사항을 함께 고민하고, 필요한 경우 노무·세무·인증·자금 등 분야별 전문가와 연결하는 일을 합니다. 대표님께서 당장 힘들어하시는 부분이 여러 가지일 수 있으니까요. 보통 중소기업 대표님들은 인력이 부족하거나 정보가 부족해서 이런 업무를 제때 처리 못 하잖아요. 그런 부분을 저희가 도와드리는 겁니다."

김 대표는 듣는 내내 '바로 내 이야기인데' 하는 생각이 들어 마음이 묘하게 흔들렸다. 회사에서는 종종 노무나 세무 문제가 터지고, 정책자금이나 인증 관련해서도 서류가 복잡해 늘 뒤로 미뤘다. 그런데 지금 이 사람 말대로라면, 본인을 대신해서 '종합적으로' 살펴줄 수도 있다는 뜻 아닌가.

"그럼…. 비용이나 절차 같은 게 복잡하지 않을까요? 솔직히 비용이 부담되어서 제대로 알아보지 못했거든요."

김 대표가 우려 섞인 목소리로 묻자, 박 경영지도사는 자연스럽게 웃으며 대답했다.

"비용이 전혀 안 드는 건 아니지만, 결과적으로는 '낭비되는 비용'을 줄여준다고 생각하시면 됩니다. 대표님이 직접 발로 뛰어서 낭비하는 시간과 돈을 줄여드릴 수 있거든요. 물론 모든 기업이 같은 솔루션을 쓰진 않습니다. 저희가 먼저 대표님 회사를 진단하고, 필요한 작업을 순서대로 제안하는 식이지요."

짧은 대화가 이어지는 사이, 김 대표는 자신도 모르게 메모장을 꺼내 몇 가지 키워드를 적기 시작했다. '진단', '인증·자금·마케팅·인사', '실무 대행' 같은 단어들이 머릿속에 박혔다. 앞으로 자신의 회사를 어떻게 살려야 할지 헤매던 차에, 이 모든 걸 한꺼번에 논의할 수도 있다는 사실이 신선한 충격으로 다가왔다.

"사실, 우리 회사가 직원이 10명 정도거든요. 그런데 자금난은 자금난대로, 또 직원 관리, 인증도 얼렁뚱땅 넘겨왔어요. 혼자 이리저리 알아보려니 너무 힘들더라고요."

김 대표가 잔뜩 쌓인 답답함을 솔직히 털어놓자, 박 경영지도사는 경청하는 태도로 고개를 끄덕였다.

"대표님만 그런 것이 아니라, 대부분 중소기업이 그렇습니다. 그것을 해결해드리는 것이 제가 하는 일이고요. 오늘은 행사를 통해 대표님처럼 고민이 많은 분을 만나기 위해 왔습니다."

김 대표는 반쯤 믿기지 않는다는 듯 테이블 위를 내려다봤다. '회사 걱정을 대신 고민해준다니, 정말인가? 이거야말로 너무 이상적인 말만

하는 건 아닐까?'라는 의구심이 들었다. '정말 이런 파트너가 있다면…' 하는 기대도 동시에 일었다.

"만약 관심이 생기시면, 세미나가 끝난 후에 좀 더 구체적으로 이야기 나눠볼까요? 시간 되시면 회사 간단 소개나 현 상황 자료 같은 것도 함께 보면 좋겠네요."

박 경영지도사는 명함을 건네며 웃었다.

"필요하시다면, 제 쪽에서 현장 진단을 해드리는 방법도 있어요. 직접 공장을 둘러보면서 장단점을 파악하면, 정책자금이든 인증이든 훨씬 수월해지거든요."

김 대표는 명함에 새겨진 이름 '박선우'를 잠시 들여다보다가, 조심스레 호주머니에 넣었다. 가까운 시일 내에 이 사람과 다시 만나 이야기를 나눌 것 같은 기분이 들었다. 그동안 혼자 고민해왔던 수많은 문제를 누군가에게 털어놓는다는 것이 두려우면서도, 한편으로는 속이 뻥 뚫리는 듯했다.

"시간 괜찮으시면…. 그럼 나중에 한번 연락드릴게요."

그는 갑작스레 두근거리는 가슴을 느끼며 말했다. 사실 마음속에는 '이제야 뭔가 희망이 보인다'라는 작은 불씨가 생긴 듯했다. 박 경영지도사가 '진단'이라는 단어를 쓸 때마다, 마치 병에 시달리던 환자가 처음으로 전문의를 만난 기분이랄까.

"좋습니다. 저는 언제든 준비되어 있으니까, 부담 갖지 마시고요."

박 경영지도사는 그렇게 말하며 다시 한번 명함을 가리켰다. "대표님 회사에 필요한 정보를 충분히 드릴 테니, 느긋하게 생각해보세요."

김 대표는 그 말을 마지막으로 자리를 일어섰다. 두서너 마디 나눈 짧은 대화였지만, 심장이 묘하게 뛰는 느낌이었다. '괜히 왔나 싶었던 세미나에서 이런 사람을 만날 줄이야⋯' 생각하면서, 동시에 '설령 돈이 조금 들더라도, 이대로 방치하는 것보다는 낫지 않을까?'라는 계산도 머리를 스쳤다.

행사장에서 벗어나 복도 쪽을 걸을 때, 그는 오랜만에 발걸음이 경쾌해진 것을 느꼈다. 아무래도 오늘이 그저 막연한 정보 탐색 이상의 의미를 지니게 될 것만 같았다. 회사를 되살릴 실마리가 '박선우'라는 경영지도사를 통해 찾아올지, 아니면 또 다른 변수로 작용할지는 앞으로의 선택에 달려 있었다.

하지만 분명한 건, 외로웠던 경영의 무대에서 혼자가 아닐 수 있다는 생각이 처음으로 마음 깊이 각인되었다는 사실이었다.

#4

짧은 대화, 큰 울림

김정우 대표는 부스에서 나와 잠시 복도 한쪽에 마련된 휴게공간에 앉았다. 마음을 진정시키려는 듯, 시원한 물 한 컵을 들이켰다. 머릿속에는 박선우 경영지도사와 나눈 대화가 계속 맴돌았다. 회사 운영 전반을 두루 살피고, 필요에 따라 여러 전문가와 연결해줄 수 있다니, 생각만 해도 가슴 한구석이 두근거렸다.

'정말, 내가 겪는 문제들을 대신 고민해줄 사람을 만날 수 있을까?'
그는 마치 농담 같은 말이 현실화할 수 있다는 가능성을 놓고 상상의 끈을 놓지 않았다. 하지만 한편으로는 '비용이 얼마나 들까…', '정말 신뢰할 만한가…'라는 걱정도 뒤섞여서, 완전히 마음을 정할 수는 없었다.

의자에 가만히 앉아 생각에 잠겨 있자, 옆자리에 있던 누군가가 가볍게 말을 걸었다.

"대표님도 아까 강연 듣고 오신 거지요? 혹시 어떤 업종이신가요?"

낯선 중년 남성이 명찰도 달지 않은 채 편안한 차림으로 앉아 있었다. 성격이 화통해 보이는 인상이었다. 김 대표는 조금 망설이다가, "제조업체 운영하고 있습니다"라며 간단히 답했다.

"아, 제조업이면 정책자금이나 기술인증 같은 게 꼭 필요하지요. 저도 비슷한 처지라⋯."

그 남성은 마치 동료를 만난 듯 반가운 표정을 지었다. 김 대표는 호기심이 동해 자세히 묻고 싶어졌다. 어쩌면 이번 기회에 같은 고민을 하는 사람과 이야기를 나누는 것도 도움이 될 것 같았다.

"그쪽도 사업하시나요?"

"네, 저도 장비 관련 제조업을 합니다. 직원은 20명 정도 되는데, 작년부터 자금 쪽이 계속 힘드네요. 그런데 오늘 강연에서 '컨설팅' 이야기가 좀 들려서, 저도 흥미가 생겼습니다."

그 남성의 말투에는 약간의 피로와 절박함이 묻어났다. 김 대표가 느꼈던 외로움과 비슷한 기류가 전해졌다. 순간 묘한 동질감이 들었다. 서로 짧게 근황을 주고받으면서, 김 대표는 이전에 박 경영지도사와 나눈 대화를 언급했다.

"아, 박 경영지도사님이요? 저도 잠깐 뵀어요. 회사 운영 전반을 같이 본다더라고요."

"맞아요. 자금부터 노무, 인증까지⋯. 지금 우리 상황이라면 딱 필요한 지원 같은데 말이지요."

그냥 몇 마디 주고받은 대화였지만, 김 대표는 그 남성의 반응을 통해 확신이 조금씩 생겼다.

'나 혼자만 막막한 것이 아니구나. 다들 도움이 필요하다고 느끼고 있구나.'

설령 비용 문제나 세부 조건 때문에 당장 결정을 못 한다고 해도, 적어도 지금 자신이 느끼는 갈증이 괜한 게 아니라는 사실을 깨닫게 되었다.

짧은 대화를 마친 뒤, 그 남성은 "자, 우리 모두 잘해봅시다"라는 말과 함께 가볍게 인사를 건네고 먼저 자리에서 일어났다. 김 대표는 그가 멀어지는 뒷모습을 바라보며, 묘하게 마음이 뭉클해졌다. 반갑고도 낯선 감정이었다.

'이렇게나 많은 사장이, 나처럼 밖으로 티는 못 내도 속으로는 애를 태우고 있었구나.'

평소에는 경쟁이나 이해관계 속에서 동종업계 사장들을 만날 일이 많았지만, 이런 식으로 솔직하게 "저도 힘듭니다"라고 이야기해보기는 처음이었다.

그 잠깐의 대화가 주는 위안이 꽤 컸다. 어쩌면 이 세미나장에 모인 사람들이 모두 각자의 방식으로 '누군가 내 고민을 들어주길' 바라며 찾아왔으리라. 그렇다면 자신 또한 더 이상 망설이지 말고, 발걸음을 옮겨야 하지 않을까 싶었다.

  김 대표는 휴게공간을 떠나 다시 부스 쪽으로 발길을 돌렸다. 박 경영지도사와 좀 더 대화를 나눠볼까, 아니면 다른 분야 상담 부스도 들러볼까 고민하면서도, 머릿속에는 계속해서 '함께 고민해줄 수 있는 누군가'에 대한 갈망이 뚜렷해졌다.

  그 한마디, "우리 모두 잘해봅시다"라는 짧은 인사조차 그에게는 큰 울림이었다. 비슷한 처지의 경영자끼리 교감하는 순간, "나 혼자가 아니구나"라는 생각은 두려움보다는 새로운 용기를 싹트게 했다. 김 대표는 그 용기를 바탕으로 오늘 하루를 '진짜 변화의 시작점'으로 삼겠노라고 마음속에 또 한번 굳게 다짐했다.

TIP 1 컨설팅은 돈 낭비?

중소기업 대표들이 '컨설팅'이라는 단어를 들으면 가장 먼저 떠올리는 건 '비용 부담'이다. '돈만 쓰고 실제 효과는 없는 것 아니냐?'라는 의문도 잦다. 하지만 컨설팅은 문제점을 찾고, 해결책을 구체화하며, 필요하면 실제 실행까지 동행해주기도 하는 '전문 파트너십'이다.

다음은 컨설팅에 대한 몇 가지 흔한 편견과 실제로 어떤 도움이 가능한지를 비교적 상세히 정리한 예시다.

1. "컨설팅? 그냥 돈만 날리는 것 아닌가요?"

- **편견** : 컨설턴트가 듣기 좋은 말만 하고, 인터넷서 찾을 수 있는 정보만 던져준다.
- **현실** :
  - 종합 진단 및 실행 로드맵 : 대표 혼자 정보 검색할 때 놓치는 중요한 '회사 내부 구조'와 '외부 시장 분석'을 종합적으로 살펴 맞춤형 솔루션을 제시한다.
  - 시간·비용 대비 효율 : 전문가가 서류·신청·절차를 대행하거나 노무·세무·마케팅·자금 전문 인력과 연락해서, 시행착오를 크게 줄여준다.
  - 실행 단계 동행 : 컨설턴트가 현장 면담, 기관 심사 준비, 직원 설득, 마케팅 채널 세팅 등 실제 행동까지 가이드·참여·단순 조언에 그치지 않는다.

2. "우리 회사는 규모가 작아서 컨설팅을 받아도 무용지물 아닌가요?"

- **편견** : 컨설턴트는 대기업이나 중견기업만 상대한다. 우리는 직원도 적고 예산도 없어 어렵다.
- **현실** :
- 중소·소상공인 특화 컨설팅 : 정부나 지자체 지원제도, 정책자금, 노무 관리, 인증 같은 '중소기업' 컨설팅 수요가 크다.
- 작을수록 전문가 도움 필요 : 직원 수가 적을수록 노무·자금·마케팅 문제 하나가 전사적으로 영향을 끼친다. 컨설팅이 오히려 더 큰 효과를 발휘하는 경우가 많다.
- 비용 대비 만족도 : 정부 기관에서 일부 지원하는 '컨설팅 바우처', '멘토링' 사업 등 저비용 구조도 많으므로, '큰돈 든다'라는 생각으로 포기할 필요가 없다.

3. "옆집 사장도 성공했다는 컨설팅, 근데 우리 회사에 정말 맞을까요?"

- **편견** : 다른 회사 사례는 성공했어도, 우리 회사에는 안 맞을 수 있다.
- **현실** :
  - 회사 맞춤형 접근 : 컨설턴트는 기성 솔루션만 꺼내는 것이 아니라, 회사 현황 파악 → 맞춤형 전략을 개발한다.
  - 단계별 적용 가능 : 필요하면 기초(노무·세무)부터 시작해, 추후 인증·해외 진출 등 확장 단계별로 지원을 설계할 수 있다.

- 전문 분야 연계 : 노무·세무·특허·마케팅 등 여러 분야 전문가 네트워크를 연결해주어, 회사 상황에 맞춰 원스톱 솔루션을 제시하기도 한다.

4. "컨설턴트가 알아봐준 정보, 인터넷 뒤져보면 다 나오던데요?"

• **편견** : 결국 구글 검색, 정부 사이트 FAQ만으로도 할 수 있는 일 아닌가?

• **현실** :

- 정보 범람 vs. 현장 적용 : 정보는 인터넷에 많지만, 어떤 순서로 어떻게 준비해야 '실제로 통과'하거나 '효과가 나는지'는 전문가의 경험이 필수다.

- 불필요한 시행착오 절감 : 대표가 검색하며 얻은 어설픈 지식만으로 시도하다가 서류 보완 요청, 사업비 미인정, 세무 가산세 등 큰 손해를 볼 위험이 크다.

- 기관별 차이 & 시의성 : 정책자금·인증·법률 등은 해마다 바뀌거나 기관마다 조건이 달라, 전문가가 최신 동향을 파악해 맞춤 컨설팅해주는 것이 효율적이다.

5. "그래도 비용이 부담인데…. 결과가 보장되나요?"

• **편견** : 결과가 100% 보장되는 것도 아닌데, 굳이 돈 들여서 받나?

- 현실 :
  - 투자 대비 성과 : 컨설팅 비용만큼, 또는 그 이상의 가치(정책자금 유치, 세금 절감, 노무 분쟁 예방, 인증 취득, 매출 확장 등)를 얻을 수 있다는 사례가 많다.
  - 성공 가능성 및 속도 향상 : 모든 사업은 100% 장담할 수 없지만, 문제 해결의 성공률과 속도를 높이는 것이 컨설턴트의 역할이다.
  - 리스크 분산 : 컨설턴트가 틀을 잡아주면, 추가 시행착오로 잃을 비용을 현저히 줄일 수 있다. 결국, 그만큼 이익이 커진다.

6. "실제로 어떤 도움이 가능한가요?"

(1) 정책자금·금융 상담
- 정부 지원·지자체·은행 대출 조건 정리, 기관별 서류·면담 지원
- 신용보증기금, 기술보증기금, 재단 등 성공률 높임.

(2) 인증·허가 취득
- ISO·이노비즈·메인 비즈·벤처기업 인증 등 순서·절차 컨설팅
- 인증 준비(문서·공정·사내 프로세스)부터 심사 대응까지 지원

(3) 노무·인사 관리
- 근로계약·급여·주말 특근 체계·조직문화 개선 등 현장 컨설팅
- 노무분쟁 예방, 중소기업 인력 이탈 방지·복지 체계 구축

(4) 세무 · 회계 효율화

- 세무 · 회계 프로세스 정비, 가산세 · 불필요한 비용 방지
- 세무사 · 회계사와 연결해 정확한 신고 · 재무관리 도와주기도 함.

(5) 마케팅 · 영업 전략

- 경쟁사 대비 강점 · 가격 설정 · SNS · 온라인 마케팅 안내
- 해외시장 · 전시회 참여 가이드, 제품 기획 · 포지셔닝 컨설팅

(6) 종합 컨설팅 & 실행 지원

- 업체가 문제가 되는 모든 영역(노무, 자금, 인증, 마케팅, 생산 효율 등)을 종합적으로 진단해, 대표가 '본업(제품 · 서비스 개발)에 집중'할 수 있게끔 서포트
- 각종 전문가(노무사 · 세무사 · 디자이너 · 해외 바이어 등) 네트워크를 연결해 주고, 실제 실행 과정까지 동행하는 경우도 많음.

'컨설팅 = 돈 낭비'라는 편견은 정보 부족과 실행 인력의 부재에서 비롯되는 경우가 많다.

컨설턴트는 단순 조언에 그치지 않고, 실제 기업 구조와 시장 환경을 종합 분석해 문제 해결 로드맵을 제시하고 실행을 지원한다.

한마디로, '실행까지 함께 고민하는 비즈니스 파트너'가 되는 것이다.

특히 중소기업일수록 한 번의 시행착오가 치명적일 수 있는데, 컨설팅을 통해 시간 · 비용을 단축하고 실수를 크게 줄인다면, 그만큼 빠른 속도로 성장할 수 있다.

'비용 대 이익'만 단순 비교하기보다는, '기업이 얻을 장기적 효과'와

'의사결정 효율', '리스크 절감'을 두루 감안해보면, 컨설팅은 잘 활용할수록 결코 돈 낭비가 아니다. 또한, 정부 보조금·바우처 등을 활용해 컨설팅 비용을 지원받을 수도 있으니, 이 역시 확인해보길 권한다.

문제 목록을 펼치다

#1

공장·사무실 투어

세미나가 끝난 며칠 뒤, 김정우 대표는 박선우 경영지도사와 약속한 날짜에 맞춰 공장 안에서 그를 맞이했다. 한참을 고민하고 컨설팅 의뢰를 했었다. 반신반의한 마음이었지만 큰마음 먹고 진행하기로 결정했다. 원래라면 낯선 외부인을 공장과 사무실 곳곳에 들이는 것이 부담스러웠을 텐데, 이번에는 오히려 '속속들이 보여줘야 진단도 제대로 될 것'이라는 마음가짐이었다. 말하자면 본격적인 컨설팅의 첫 단계, 현장 실사가 이뤄지는 순간이었다.

"대표님, 생각보다 규모가 크네요."

박 경영지도사는 안전모를 살짝 고쳐 쓰며, 주위를 둘러봤다. 직원들이 분주하게 작업 중인 제조라인과 한쪽 벽을 따라 쌓여 있는 재고 박스가 시선을 끌었다. 생산 설비는 낡은 기계와 비교적 새 기계가 뒤섞여 있어, 얼핏 봐도 체계적이지 않다는 느낌이 들었다.

"처음 시작은 소규모였는데, 중간에 조금 확장하다 보니 이런 식으로 되었습니다. 이제는 관리가 잘 안되는 구석이 많아요."

김 대표는 어색한 미소를 지었다. 공장 한구석에는 대체 무슨 용도로 쓰이는지도 모를 비품들이 쌓여 있었다. 일부 기계는 오래된 부품 때문에 수시로 고장이 나는 상태였다.

박 경영지도사는 콘크리트 바닥을 가볍게 톡톡 디뎌보며 공장의 내부 동선을 살폈다.

"원자재 입고에서 생산라인까지 동선이 좀 꼬여 있네요. 직원들이 불필요하게 왔다 갔다 할 것 같아요."

그는 한 손에 들고 있던 메모지에 빠르게 펜을 움직였다.

"그렇지요. 예전에 기계를 들여오면서 한쪽 구역만 부랴부랴 재배치해놨어요. 전체를 다시 짜지 않았거든요."

김 대표는 덤덤하게 말했지만, 사실 이 문제로 직원들이 종종 불만을 토로하곤 했다. 자재 창고가 작업라인과 떨어져 있어, 공정마다 여러 번 왕복해야 했기 때문이다.

둘은 잠시 걸음을 옮겨 작업대가 늘어선 곳으로 다가갔다. 소음 때문에 대화하기 힘든 구간이라, 박 경영지도사는 시선으로만 곳곳을 훑어봤다. 무거운 자재를 옮기는 직원, 작업 도중 불편함을 호소하는 신입 직원도 보였다. 김 대표는 고갯짓으로 신입 직원을 가리키며 입 모양으로 '한 달 전 입사'라고 설명했다.

주말임에도 불구하고 현장에는 꽤 많은 인원이 나와 있었다. 납기에 맞추려면 주말 특근이 불가피하다는 것이 김 대표의 설명이었다.

"대표님도 이러다 번아웃 오시겠어요. 주말에도 계속 일하시는 거잖아요."

박 경영지도사가 걱정스레 말하자, 김 대표는 헛웃음을 지었다.

"대표가 할 일은 쌓여 있고, 현장은 현장대로 바쁘니까요. 이렇다 보니 서류 업무나 인증 준비도 계속 뒤로 미뤄지곤 했지요."

한참을 둘러본 끝에, 둘은 생산 현장을 벗어나 사무실 쪽으로 이동했다. 사무동으로 가는 복도에는 인증 관련 포스터나 슬로건이 몇 개 붙어 있었지만, 이미 색이 바랬다.

"예전에는 이런 거 붙여 놓으면 사기도 오르고, 대외적으로도 팬찮을 줄 알았는데…. 현실은 시들시들하네요."

김 대표의 말에, 박 경영지도사는 작게 고개를 끄덕였다.

사무실 문을 열고 들어서자, 경리 담당 서은영 과장이 반갑게 맞이했다. 이미 방문 소식을 듣고 서류를 어느 정도 정리해놓은 모양이었다. 책상 위에는 각종 재무제표, 직원 근로계약서, 최근 거래 내역 등이 파일별로 구분되어 있었다.

"안녕하세요, 저희 회사 컨설팅 해주신다고 들었습니다. 서은영 과장입니다."

서 과장은 긴장감이 살짝 묻어나는 목소리로 인사했다. 낯선 전문가가 회사 내부 자료를 낱낱이 들여다본다는 것이 부담스러울 수밖에 없지만, 김 대표가 '열심히 협조해달라'고 당부했기에 마음을 다잡은 상태였다.

"경영지도사 박선우라고 합니다. 대표님 회사를 함께 고민하고 싶어서 왔어요."

박 경영지도사는 순박한 웃음을 지으며, 바로 서류 쪽으로 눈길을 돌렸다. "재무 상태부터 한번 쭉 볼 수 있을까요?"라는 말이 떨어지자, 서 과장은 떨리는 손으로 파일 몇 개를 건넸다.

파일을 펼치자마자, 그는 중요한 지표들을 빠르게 훑어봤다. 매출 추이, 영업이익, 고정비, 변동비, 현금 흐름 등이 한눈에 들어왔다. 그러다가 몇 장을 넘기며 눈썹을 살짝 찌푸렸다.

"재무제표상으로 매출 변동이 큰데, 이익률이 계속 감소 추세네요. 게다가 원자재 비용이 갑자기 늘어난 시점 이후로 현금 흐름이 급격히 악화되고…."

김 대표는 작게 한숨을 내쉬었다.

"네, 최근 1~2년 동안 원자재 가격이 많이 올랐는데, 저희는 납품 단가 조정을 제대로 못 했거든요. 그 사이 경쟁사가 치고 올라왔고요."

또 다른 파일을 펼치던 박 경영지도사는 월별 인건비 지출 항목을 유심히 살펴봤다.

"직원들 근무 형태가 조금 복잡한가 봅니다. 주말 특근이 잦은 데다, 수당 체계가 제대로 정비되어 있지 않은 것 같아요."

"그 부분도 정리가 잘 안되어서… 노무 쪽 이슈도 많은데, 서류를 어떻게 손보면 좋을지 모르겠더라고요."

사무실 한쪽 장식장에는 과거에 받았던 상장과 시상 트로피가 몇 개 놓여 있었다. '우수 중소기업상', '성장 유망기업상' 같은 이름이 빛바래어 보이기는 했으나, 한때 회사를 이끌던 열정이 느껴졌다. 박 경영지도사는 시선이 거기에 잠깐 머무른 뒤, 다시 김 대표를 돌아봤다.

"회사 자체가 나쁘다는 느낌은 전혀 안 들어요. 오히려 초기에 잘 성장했던 기록도 있고, 제품력도 갖춘 것 같고요. 다만 여러 문제가 복합적으로 쌓여서 효율이 떨어지는 상황이네요. 자금도 자금이지만, 노무·인증·생산라인까지 동시에 손볼 부분이 많아요."

김 대표는 고개를 끄덕이며, "그렇지요. 좀 더 일찍 이런 진단을 받았다면 좋았을 텐데"라고 아쉬움을 표했다.

잠시 후, 박 경영지도사는 서 과장에게 직원 근로계약서와 4대 보험 관련 서류도 부탁했다. 서 과장이 한꺼번에 파일을 꺼내자, '이렇게 쌓아두고 한 번에 정리하려니 시간이 너무 오래 걸린다'라는 푸념이 나왔다. 김 대표는 그 말에 다시금 미안함을 느끼며 서 과장을 이해한다는 듯 웃었다.

"점점 감이 잡히네요. 일단 '회사 현장 문제', '노무·인사 문제', '재무·자금 문제', '인증·정부 지원' 이렇게 네 갈래로 크게 나눌 수 있겠어요. 대표님도 동의하시나요?"

박 경영지도사가 메모장에 빠르게 항목을 적으며 묻자, 김 대표는 곧장 "네"라고 답했다. 전체 상황을 이렇게 체계적으로 구분해 들여다보는 건 처음이었다. 혼자서는 감당이 안 되어 모두 한 덩어리처럼 보였는데, 전문가의 눈에는 명확한 구분점이 있는 모양이었다.

"이렇게 세분화해서 문제를 리스트업 하면, 어떤 순서로 해결해야 할지 우선순위를 잡기가 편합니다. 그리고 각각 연결된 전문가나 제도도 달라요. 대표님과 회사 내부 담당자들이 열심히 협조해주신다면, 생각보다 빠른 시일 안에 개선책을 마련할 수 있습니다."

박 경영지도사는 단정하게 말했지만, 그의 목소리에는 확신이 배어 있었다.

김 대표는 문득 마음이 조금 가벼워지는 걸 느꼈다. 지금까지 뒤죽박죽 엉킨 실타래 같던 문제들이 정리될 가능성이 보였다. 이것만으로도 희망이 스며드는 기분이었다. 물론 문제가 한두 개가 아니니 쉽지는 않겠지만, 이렇게 "구조적으로 접근해보자"라고 선언할 수 있는 사람이 곁에 있다는 게 큰 안도감을 주었다.

"대표님, 잠시 직원 중 한두 분과 인터뷰도 가능할까요?"

박 경영지도사는 고개를 들고 물었다. "경영층과 실무진, 현장 근로자들의 시각이 어떻게 다른지 보는 것도 중요하거든요. 서로 생각하는 문제점이 조금씩 다를 테니."

김 대표가 흔쾌히 승낙하자, 서 과장은 직원들에게 알리러 사무실 밖으로 나갔다. 곧이어, 오래 일해온 선임 직원과 얼마 전 입사한 신입 직원이 차례대로 들어오게 될 것이다.

　이렇게 공장과 사무실을 한 바퀴 훑은 뒤, 종합적인 회사 진단이 본격적으로 시작될 참이었다. 실제 현실을 있는 그대로 보여주는 것이 힘들면서도, 한편으로는 '여기서부터가 새 출발점이구나'라는 기대가 점차 부풀어올랐다. 김 대표는 회사의 문제를 낱낱이 드러내는 게 불편하면서도, '이번에는 제대로 고쳐보자'라는 마음으로 박 경영지도사를 바라봤다.

#2

직원 인터뷰 : 숨겨진 불만

김정우 대표의 사무실 한편에 마련된 미니 탕비실 테이블에, 선임 직원 최석현 과장과 신입 직원 박지연 씨가 조심스럽게 자리를 잡았다. 컨설팅을 위해 방문한 박 경영지도사가 간단한 메모 도구를 꺼내 들며 두 사람에게 가벼운 눈인사를 건넸다. 김 대표는 한 발 떨어진 곳에서 이 광경을 지켜보고 있었다.

"안녕하세요, 저는 경영지도사 박선우라고 합니다."

박 경영지도사가 먼저 밝은 표정으로 인사를 건네자, 최 과장이 굳은 표정을 조금 풀었다. 그는 40대 초반으로, 회사 초창기부터 함께해온 베테랑 직원이다. 반면 박지연 씨는 입사한 지 이제 한두 달밖에 되지 않아, 긴장한 기색이 역력했다.

"음···. 안녕하세요. 우리 회사 오래 지켜보셨겠네요?"

박 경영지도사가 말을 건네자, 최 과장은 머뭇거리다가 대답했다.

"네, 창립 후 2년째 되던 때부터 쭉 있었지요. 대표님과도 오랜 시간 함께했고요."

"맞습니다. 최 과장은 우리 회사의 거의 산증인이지요."

곁에서 듣고 있던 김 대표가 작게 웃으며 거들었다. 하지만 정작 최 과장은 마냥 유쾌하지만은 않은 표정이었다. 박 경영지도사는 그런 미묘한 분위기를 놓치지 않고 말을 이었다.

"회사 장단점을 내부에서 가장 잘 아시는 분이기도 하겠네요. 제가 회사 실태를 파악하는 데 크게 도움을 주실 것 같아요."

박 경영지도사는 존중 어린 눈빛을 보내며 종이에 최 과장의 이름과 직책을 적었다.

"솔직히 말씀드려도 되나요? 저도 회사 잘 되길 바라서…."

최 과장은 목소리를 낮추며 운을 뗐다. 김 대표는 속으로 약간 긴장했다. 직원 인터뷰에서 무슨 이야기가 나올지 예감이 반반이었다.

"물론이지요. 거침없이 말씀해주세요. 회사가 문제를 제대로 인식해야 개선책도 찾을 수 있습니다."

박 경영지도사가 거듭 안심시키듯 말했다. 최 과장은 한숨을 내쉬더니 자못 진지한 목소리로 속내를 털어놓기 시작했다.

"저희가 제일 힘든 부분은 생산라인이 제대로 정비가 안 되어 있다는 겁니다. 예전부터 기계설비를 들여올 때마다 그냥 빈 곳에 넣고, 그때그때 세팅해서 쓰고 있어요. 그것 때문에 작업 효율이 떨어지고, 주말 특근이 늘어나는 거예요. 다들 불만이 많습니다."

김 대표는 쓴웃음을 지었다. 자기 역시 현장의 불편함을 몰랐던 건 아니지만, 이렇게 직설적으로 지적을 받으니 마음이 무거웠다. 설비 재배치나 동선 개선이 필요하다는 걸 알면서도, 당장 자금이나 인력 문제로 손쓰지 못한 부분이 컸다.

"그리고 또 하나, 인사제도요. 제가 선임이다 보니 회사에서 입김이 세다고들 생각할 수 있는데, 사실 아랫사람들은 나름 불만이 많습니다. 근무시간이 늘어나도 체계가 없어 수당 계산이 제각각이거든요. 그래서 서로 '나는 이만큼 받았는데, 저 사람은 왜 이리 적게 받지?' 같은 말이 나옵니다."

그 이야기를 듣고 있던 신입 박지연 씨가 슬쩍 시선을 떨구었다. 박경영지도사는 곧장 그녀를 향해 "박지연 씨는 어떻게 생각하나요?"라고 물었다. 당황한 표정의 박지연 씨는 조심스레 고개를 들었다.

"저는 아직 온 지 얼마 안 되어서, 분위기를 잘 모르지만, 솔직히 저도 주말 특근이나 잔업이 있을 때, 수당 계산이 어떻게 되는지 모호하게 느낀 적이 있어요. 그리고 일이 예측 불가능하게 몰릴 때도 있고요. 갑자기 납기가 촉박하다고 하면 다들 허둥대면서 야근을 해야 하고…."

순간 김 대표는 곤란함을 느끼며, '박지연 씨도 그런 걸 느끼고 있었구나' 하고 생각했다. 박 경영지도사는 미소 지으며, "그렇군요"라고만 대답했다.

"네, 이곳 일을 배워가는 중이기는 하지만, 솔직히 앞으로도 이렇게 불규칙적으로 야근이 많으면 힘들 거라고 생각해요."

박지연 씨는 마지막 말을 하면서 약간 얼굴을 붉혔다. 그러자 옆에서 최 과장이 크게 끄덕였다.

"결국, 대표님도 바쁘시니 챙겨주지 못하는 부분이 있다는 걸 이해는 해요. 그런데 회사가 맨날 이렇게 '소방수'식으로 운영되면, 직원들 사기도 떨어지고, 떠나는 사람도 생길 겁니다."

최 과장의 목소리에는 묵은 체증을 푸는 듯한 단호함이 묻어났다.

박 경영지도사는 노트에 몇 가지 핵심 표현들을 적어 내려갔다. '인사·급여 체계 미비,' '생산라인 동선 문제,' '주말 특근 빈도 높음,' '사장과의 소통 부족' 등이 빠르게 정리되었다.

"감사합니다. 말씀하신 부분들이 대표님에게도 큰 도움이 될 것 같아요. 혹시 또 다른 사내 복지나 제도 측면에서 바라는 점이 있나요?"

그가 추가 질문을 던지자, 박지연 씨는 잠깐 고민하더니 소리 낮춰 한마디를 더 보탰다.

"사실 회의를 한다고 해도 그냥 조회처럼 '오늘 납품 급하다, 잘해보자' 정도로 끝날 때가 많아요. 제가 직접 의견을 내거나, 배울 기회를 구체적으로 얻어본 적이 없어 좀 답답해요. 제안제도 같은 것이 있으면 좋겠다 싶었습니다."

김 대표는 그 말을 들으며 마음이 더 미안해졌다. '처음에는 신입이니까 잘 적응하겠거니, 별말이 없으면 문제도 없겠거니 했는데…' 하고 생각했다.

"양해해주시면, 오늘 인터뷰 내용은 제가 정리해서 대표님과 논의하도록 하겠습니다. 지금 당장 해결책을 말씀드리기는 어렵겠지만, 회사가 어떤 식으로 개선하는 게 좋을지 종합해서 제안드릴게요."

박 경영지도사가 차분하게 마무리를 짓자, 최 과장과 박지연 씨 모두 고개를 끄덕였다. 뭔가 속에 맺혀 있던 말을 어느 정도 쏟아냈다는 안도감 때문인지, 둘의 표정이 한결 부드러워 보였다.

인터뷰가 끝나고 직원들이 자리에서 일어나 나가자, 김 대표는 박 경영지도사에게 조심스레 물었다.
"많이 거칠지요? 회사가 이렇게 엉망일 줄은…."
그는 어깨를 움츠리며 자조 섞인 말을 던졌다. 박 경영지도사는 메모장 페이지를 넘기며 고개를 살짝 가로저었다.

"조직마다 문제는 있게 마련입니다. 다만 요즘은 '직원들의 목소리'를 듣는 것이 얼마나 중요한가가 부각되고 있어요. 이런 이야기를 미리 나누지 못하면, 회사가 어느 순간 무너질 수 있어요."

김 대표는 그 말을 듣고 작은 한숨을 내쉬면서도, 자신이 이렇게 직접 직원 인터뷰를 지켜본 것이 다행이라고 느꼈다. 최소한 그들의 본심을 듣게 되었고, 문제를 함께 풀어갈 가능성이 생겼으니까.

"이제 준비된 인터뷰는 끝난 건가요?"

그가 물으며 시계를 흘끗 봤다. 이미 예정된 시간이 좀 지났지만, 인터뷰는 예상보다 빠르게 진행되었다. 박 경영지도사는 웃으며 "네, 대표님이 원하시면 다른 직원도 더 인터뷰할 수 있어요. 하지만 우선은 이 자료부터 정리해보고 싶습니다"라고 답했다.

그렇게 직원 인터뷰라는 짧은 만남에서, 회사 내부에 쌓여 있던 숨겨진 불만들이 조금씩 드러났다. 이제는 그것을 김 대표와 박 경영지도사가 어떻게 받아들여 해결해나가는지가 관건이었다. 김 대표는 마음 한 구석이 무거우면서도, '그래, 제대로 알았으니 이제 제대로 고쳐보자'라는 결의를 다졌다.

#3

놓쳐온 기회들

직원 인터뷰가 끝난 후, 박선우 경영지도사와 김정우 대표는 다시 사무실 책상 앞에 마주 앉았다. 곳곳을 둘러보며 문제들을 살짝 맛본 덕분에, 이제는 한층 구체적인 이야기를 나눌 때가 된 것이다. 책상 위에는 회사 재무제표, 인증 관련 서류, 그리고 과거에 시도했다가 실패한 각종 신청서류가 얽혀 있었다.

"대표님, 혹시 이 정책자금 신청서류들은 언제 준비하셨던 건가요?"

박 경영지도사가 낡은 파일 하나를 들춰보며 물었다. 파일에는 "정부 지원금 신청 자료(20XX년)"라고 손글씨로 적힌 라벨이 붙어 있었다. 김 대표는 파일을 확인하곤 얼굴이 조금 붉어졌다.

"아, 저거 몇 해 전이에요. 한번 지원해보려다가 서류 미비로 떨어졌었지요."

김 대표는 쓸쓸한 표정으로 덧붙였다. "그때 제대로 준비만 했으면 가능성이 있었을 텐데, 인력도 부족하고, 절차가 너무 복잡해서 포기했습니다. 그 뒤로는 정신없이 지내다보니 재도전할 엄두가 안 났고요."

"음, 이 서류 준비 자체는 아주 어렵지는 않은데…. 세부 내용이 좀 엉켜 있네요."

박 경영지도사는 파일 안에 정리된 문서들을 하나씩 넘기며, 당시 지원하려 했던 사업계획서와 회사 현황 자료를 살펴봤다. "충분히 통과 가능했을 텐데, 시기를 놓치셨나 봐요."

김 대표는 한숨을 쉬며 돌아봤다. "그렇지요. 시기가 문제였고, 정보도 부족했어요. 이런 지원사업이 연중 한두 번씩 열리는데, 정신없이 지내다 보니 기한 놓치기 일쑤였고…."

그 사이, 서은영 과장이 다시 다가와 이번에는 인증 관련 파일을 건넸다. 안에는 이노비즈, 메인 비즈, ISO 같은 문구가 여기저기 눈에 띄었다.

"대표님, 여기 예전에 문의만 해봤던 인증 관련 자료도 있어요. 한동안 이야기 안 꺼내셔서 처리 못 했던 거…."

서 과장의 말투에는 약간의 아쉬움이 느껴졌다. 사실 김 대표는 고객사에 '우리도 곧 ISO 9001 취득할 예정'이라고 말한 적이 있으나, 결국 바쁜 일정 탓에 인증 컨설팅이나 심사를 받아보지도 못했다.

"기억나세요? 그때 거래처에서 '인증이 있으면 납품 건이 더 늘어날 수 있다'라고 했는데…."

서 과장은 말끝을 흐렸다. 김 대표는 고개를 끄덕이며 작은 목소리로 대답했다.

"예, 그래서 알아봤는데, 제출 서류며 절차가 만만찮아서…. 서 과장 혼자서는 감당이 안 되니, 결국 흐지부지되었지요."

박 경영지도사는 두꺼운 자료를 잠깐 훑어보며 "표준 절차대로라면 몇 개월이면 취득 가능해요, 어쩌다 중단되었는지 감이 옵니다. 자금도 부족했고, 대표님도 현장에 치여서 챙길 여유가 없으셨을 것 같아요" 하고 정리했다. 이어서 말투를 약간 바꾸며 물었다.

"혹시 인증뿐 아니라, 그 밖에도 받을 수 있었던 혜택이나 지원사업 중 놓쳤던 게 있나요? 예컨대 R&D(기술개발) 자금이라든지…."

김 대표는 손가락을 꼼지락거리다 이내 대답했다.

"네, R&D 자금도 잠깐 노려봤다가 저희가 연구 인력도 제대로 없고, 서류나 평가 항목이 까다로우니 포기했어요. '나중에 회사가 더 안정되면 하자' 싶었는데, 결국 그 '나중'이 오질 않더라고요."

박 경영지도사는 메모장에 빠르게 몇 가지 키워드를 적었다. '인증 중단, R&D 포기, 정책자금 기한 놓침….' 그 말들에서 김 대표 회사가 놓친 '기회들'의 흐름이 명확히 드러났다. 다들 지금에 와서 생각하면 아쉬운 요소들이지만, 그땐 정신없이 눈앞 문제만 겨우 해결하다 보니 이런 대책을 마련할 틈조차 없었던 셈이다.

"아쉬운 것은 이런 제도가 계속 나오는데도, 대표님처럼 바쁜 사장 들은 접근을 못 한다는 거지요. 사실 한 번만 제대로 도전했어도, 회사가 크게 도약할 수 있는 계기였을 텐데⋯."

박 경영지도사는 안타까운 표정으로 말했다. 그러면서도 담담한 목소리로 "지금이라도 늦지 않아요. 체계적으로 다시 시도해보면 됩니다"라고 덧붙였다.

김 대표는 그 말에 안도감과 동시에 약간의 죄책감을 느꼈다. 직원들에게도, 회사 미래에도 미안한 마음이 스쳤다. '그때 조금만 더 정보에 귀 기울이고, 외부 도움이라도 받았더라면⋯' 하고 수없이 떠올린 적이 있었지만, 결국 그 모든 것이 한가로운 후회로 남았다.

"이렇게 많은 것을 놓쳤다는 사실을 저도 알아요. 문제는 지금 현금 흐름이 너무 팍팍해서 인증 준비니, 컨설팅 비용이니, 다 겁부터 난다는 것입니다."

김 대표가 솔직하게 털어놓자, 박 경영지도사는 부드럽게 고개를 끄덕였다.

"당연히 부담이지요. 하지만 어떤 순서로 신청하고, 어떤 방식으로 인증을 받느냐에 따라 비용도 줄일 수 있고, 속도도 낼 수 있어요. 게다가 정책자금을 확보하면, 인증 비용이나 R&D 자금도 일부 충당이 가능하거든요. 한번 구체적으로 계획을 세워보지요."

그 순간, 김 대표의 머릿속에 스치는 생각이 있었다. '진작 알았더라면⋯.' 직접 서류를 챙기면서 헤매기보다는, 박 경영지도사처럼 절차와 노하우를 잘 아는 전문가와 함께 진행한다면 가능성이 열릴 테니 말이다.

서류 살펴보기가 어느 정도 마무리되었다. 책상 주변에 늘어놓았던 파일철들이 영락없이 '놓쳐온 기회'들을 증언하고 있었다. 그 속에는 정부 사업 지원서, 인증 개요서, 국내외 전시회 참가 신청서 등이 다양하게 섞여 있었다. 김 대표는 허탈한 듯 웃으며 "이 자료들, 그냥 폐기물인 줄 알았는데 다시 보게 될 줄이야" 하고 말했다.

"이제부터는 폐기물 아니고, 앞으로 밑거름이 될 겁니다."

박 경영지도사는 미소를 지었다. "이게 곧 회사가 다시 활력을 찾을 기회이자, 교훈이 될 수도 있으니까요."

그 말이 퍽 힘 있게 들렸다. 김 대표도 그제야 비로소 아쉬움보다는 '그래, 이 자료도 쓰임새가 있겠지'라는 긍정적 기분이 들었다.

"이렇게 우리 회사가 놓친 기회가 한두 개가 아니네요."

"그렇지요. 아마 대부분의 중소기업이 마찬가지일 겁니다. 다만 지금 깨닫고, 바로 움직이느냐가 관건이지요."

박 경영지도사의 답변에 김 대표는 조용히 고개를 끄덕였다. 몇 해 전에는 저 서류를 손에 들고 한없이 막막함만 느꼈지만, 이제는 적어도 '함께 해결해볼 수 있다'라는 희망이 있었다. 이미 지나간 기회들도 많지만, 여전히 새로운 사업이나 지원 프로그램은 끊임없이 나온다. 그 흐름 속에서 이제는 더 이상 뒤처지고 싶지 않았다.

"알겠습니다. 그러면 일단 이 자료들을 바탕으로, 뭘 어떻게 재도전할 수 있을지 상담해볼게요."

김 대표는 파일을 정리하며 말했다. 그 목소리에는 다소 피곤함이 섞여 있었지만, 동시에 새로운 각오가 느껴졌다. '이렇게 놓친 것들을 다

시는 놓치지 말자.'

박 경영지도사는 작게 웃으며, 다음 계획을 구체화할 준비가 되어 있었다. "차근차근 순서를 잡아가면 됩니다. 인증이든, 자금이든, 대표님 회사 특성에 맞게 연결해볼 테니 걱정하지 마세요."

그들의 시선이 마주쳤을 때, 사무실 창밖으로 어느새 해가 기울어 어슴푸레해지고 있었다. 하지만 적어도 김 대표의 마음 안에는 어둠 대신 한 줄기 불빛이 서서히 비치기 시작했다.

#4

종합 진단표 :
어디부터 손봐야 하지?

사무실 한쪽에 쌓여 있던 서류들을 정리하던 박선우 경영지도사가, 새로 마련한 커다란 화이트보드를 가리켰다. 거기에는 네 가지 큰 범주가 굵은 마커로 쓰여 있었다.

1. 재무·자금
2. 노무·인사
3. 생산·공정
4. 인증·사업 확장

김정우 대표와 경리 서은영 과장은 그 앞에서 나란히 서서, 각각 항목 아래에 붙어 있는 여러 메모지를 살펴봤다. 이 메모들은 지난 공장·사무실 투어와 직원 인터뷰, 그리고 과거 놓친 사업자료 등을 종합해 '문제점'과 '개선 아이디어'를 일목요연하게 적어놓은 것이었다.

1. 재무·자금

원자재 비용 상승, 납품 단가 미조정

정책자금 등 외부 지원활용 부족

현금 흐름 관리(월말마다 자금 경색)

2. 노무·인사

주말 특근·야근 수당 체계 불명확

직원 의견 반영할 제도 부족

조직문화·복지 제도 미흡

3. 생산·공정

설비 배치 비효율(작업 동선 꼬임)

구형 장비 유지보수 문제

무계획 야근으로 인력 소진

4. 인증·사업 확장

인증 추진 중단(ISO, 이노비즈 등)

국내외 전시·홍보 기회 놓침

R&D 자금 활용 부족

"우리 회사가…. 문제가 이리도 많았나 싶네요."

김 대표는 화이트보드를 보며 자조 섞인 미소를 지었다. 평소에는 각 부문에서 자잘하게 벌어지는 문제들이 이렇게 한 자리에 모여 있으니, 새삼 회사 전반이 뒤엉켜 있다는 사실을 실감했다.

"사실, 소규모 기업이라 이 정도 범위는 흔한 편입니다. 그나마 중요한 건, 각 문제가 어떻게 연결되어 있고, 어느 순서로 해결해야 효율적인가를 파악하는 거지요."

박 경영지도사는 그렇게 말하며, 재무·자금 카테고리에 굵은 동그라미를 치며 덧붙였다. "대표님이 제일 먼저 해결해야 한다고 느끼는 건 아무래도 자금 관련이겠지요?"

"맞아요. 자금이 돌지 않으니 급한 불부터 끄기 바쁩니다. 다들 야근까지 감수하는 건데, 매출 증대나 직원 사기 문제도 결국 자금이 어느 정도 해결되어야…."

김 대표가 고개를 끄덕였다. 박 경영지도사 또한 그 의견에 동의한 듯, 다른 두 항목 노무·인사, 생산·공정 쪽에 작은 체크 표시를 했다.

"노무·인사 문제와 생산·공정 개선도 시급해보이지만, 일단 자금이 안정되어야 직원 처우나 장비·라인 재배치에 투자할 여력이 생기겠지요. 물론 너무 늦추면 직원 이탈이 커질 수 있으니, 동시 진행 가능 여부를 봐야 하고요."

옆에서 듣고 있던 서 과장이 조심스럽게 말을 보탰다.
"인증 쪽은 언제쯤 해야 좋을까요? 사실 여러 번 무산되었잖아요. 지금도 가능하면 ISO나 이노비즈 같은 것을 빠르게 따고 싶은데, 현실적으로 당장 투입할 인력·비용이 만만치 않아서요."

박 경영지도사는 화이트보드 아래쪽을 손으로 가볍게 가리켰다.

"인증은 일단 다른 부분들 해결하고 나서 진행하는 게 좋을 것 같아요. 정책자금이나 일부 인센티브를 먼저 확보하면 인증 비용을 메울 수도 있고, 노무·생산 문제가 어느 정도 안정되어야 평가 과정에서 감점이 적거든요."

그 말에 김 대표는 조금 아쉬운 표정을 지으면서도, "그렇군요. 뭐든 순서가 있나 봐요"라며 수긍했다. 박 경영지도사가 강조한 대로, 무작정 인증부터 시작했다가는 도중에 또 흐지부지될 공산이 크다는 걸 잘 알고 있었다.

"자, 그럼 우선순위를 이렇게 잡아볼까요?"

1. 재무·자금
정책자금 재도전, 은행 대출 재협상 → 현금 흐름 정상화
원자재 단가 조정, 납품 단가 재협의 노력

2. 노무·인사 & 생산·공정
동시에 개선 가능 여부 검토
노무 제도 정비(근로계약, 수당체계), 주말 특근 최소화 방안
설비 배치 개선, 공정 효율화

3. 인증·사업 확장
재무 안정 후, ISO·이노비즈·R&D 자금 신청
해외 판로 개척·전시회 참가 등 중장기 계획

화이트보드에 이 순서도가 쓰이자, 김 대표는 "오, 이렇게 보면 머릿속이 훨씬 정리되네요" 하고 감탄했다. 박 경영지도사는 미소를 지으며, "보통은 비슷한 패턴으로 진행됩니다. 다만 회사 상황에 따라 세부 조정이 필요하지요"라고 덧붙였다.

"대표님, 우선 이 중에서 '정말 당장 발등에 불'인 건 재무·자금 문제니까, 바로 이번 주부터 정책자금이나 은행 대출 재조정 안을 마련해볼까요?"

박 경영지도사가 실무 착수를 제안하자, 김 대표도 이의를 제기하지 않았다. 그도 늘 강조해왔던 '당장 직원 월급과 원자재 결제부터 해결해야 한다'는 고민이었기에, 주저할 이유가 없었다.

서 과장은 "그럼 제가 필요한 서류나 회사 재무 자료는 최대한 빨리 준비할게요"라며 흔쾌히 응답했다. 박 경영지도사는 가볍게 고개를 끄덕이고, 다른 메모지 몇 개를 떼서 새 파일에 옮겨 담았다.

"좋습니다. 노무·생산 쪽은 다음 주부터 순차적으로 점검하지요. 인증 준비도 언제 착수할지 대략적 일정을 잡아볼 테니까, 과장님께서 과거 인증 관련 서류나 업체 연락처가 있으면 따로 정리 부탁드립니다."

이야기가 이렇게 착착 진행되자, 김 대표는 마음 한편이 후련해졌다. 그동안 문제들이 뒤엉켜서 어디부터 해결해야 할지 알 수 없었는데, 지금은 '반드시 해결해야 하는 단계가 있고, 함께할 사람이 있다'라는 안도감이 생긴 것이다.

"결국, 우리가 막연히 '큰 문제다'라고만 인식했던 것들도, 이렇게 항목별로 쪼개놓으면 접근할 수 있군요."

그가 감탄하자, 박 경영지도사는 "네, 실제로는 별것 아닙니다. 다만 회사 내부에서 이런 걸 직접 정리하기가 쉽지 않지요"라며 웃었다.

화이트보드에는 여전히 '재무·노무·생산·인증'이라는 네 기둥이 굵은 글씨로 남아 있었다. 김 대표는 무심코 그것들을 쳐다보다가 혼잣말로 중얼거렸다.

"도대체 언제부터 이렇게 뒤죽박죽이었던 거지…?"

그 순간, 지난 세월이 주마등처럼 스쳐 지나갔다. 혼자서 모든 일을 해결하려고 애썼지만, 결과적으로는 지금과 같은 상황만 초래했다. 하지만 적어도 이제부터는 달라질 수 있으리라. 행동하는 순서와 방법만 확실하다면, 회사가 제 궤도로 복귀하는 데도 그리 오랜 시간이 걸리지 않을 것 같았다.

"대표님, 오늘 여기까지 정리했으니, 내일이나 모레쯤 시간을 한번 더 내주실 수 있을까요? 제가 초안 형태의 솔루션 제안서를 만들어서 보여드리고 싶어요."

박 경영지도사의 말에 김 대표는 즉시 "그럼요. 언제든 좋습니다"라고 답했다. 사실 그도 살짝 마음이 급했다. 하루라도 빨리 회사 재정비를 시작해야 한다는 압박감 때문이기도 하고, 기대감 때문이기도 했다.

화이트보드에 붙은 포스트잇을 정리한 박 경영지도사가 한마디 덧붙였다.

"이제 본격적으로 뛰어다니느라 바쁘실 겁니다. 정책자금부터 시작해, 노무·생산까지 하나씩 손보면 한두 달은 정신 없으실 거예요. 그래도 같이 뛰어볼 만하지요?"

그 말에 김 대표가 희미하게 웃으며 대답했다.

"혼자 하면 막막했겠지만, 이렇게 순서대로 잡아주니까…. 이왕 할 거, 제대로 해봐야지요."

이런 대화가 오가며 종합 진단표는 최종적으로 세부화되었다. '어디부터 손봐야 하느냐?'라는 질문에 대한 초안은 완성된 셈이다. 근무 시간이 훌쩍 지나고, 사무실 창문 밖으로 뉘엿해지는 해가 보였다. 그러나 지금 김 대표의 표정은 전보다 훨씬 밝았다. 뒤죽박죽이었던 문제들이 한꺼번에 정리된 기분이 들었기 때문이다.

'이제부터가 진짜 시작이다.'

그는 눈앞의 화이트보드를 뚫어지게 바라보며, 마음속으로 되뇌었다.

#5

다시 동이 트는 사무실

며칠 후, 김정우 대표는 평소보다 한 시간 일찍 사무실에 나왔다. 직원들 출근도 하기 전에 서류와 계획안을 한번 더 살펴보겠다는 결심이었다. 어제 박선우 경영지도사로부터 전달받은 정책자금 신청 가이드와 노무·인사 개선 초안을 제대로 숙지해야, 오늘 있을 내부 미팅을 순조롭게 진행할 수 있을 것 같았다.

사무실 문을 열고 들어서자, 탁한 공기가 느껴지기는 했지만, 마음은 새벽 공기처럼 맑았다. 얼마 전까지만 해도 새벽 야근 때문에 탈진한 채 잠들곤 했는데, 이제는 아침 일찍부터 '뭔가 해볼 수 있다'라는 의욕이 꿈틀대고 있었다. 한 달 전만 해도 상상하기 힘든 모습이었다.

그는 컴퓨터를 켜고, 전날 박 경영지도사가 정리해준 정책자금 체크리스트를 스크롤 하며 살폈다. 신청자격, 제출 서류, 예상 심사 일정, 대표 인터뷰 준비사항 같은 세세한 정보가 일목요연하게 정리되어 있었다. 김 대표는 이 문서를 보면서 "이렇게만 차근차근 진행하면 되겠군"

하고 미소 지었다.

그때, 사무실 문이 열리며 누군가 들어왔다. 서은영 과장이 예상보다 일찍 출근한 모양이었다.

"어, 서 과장도 일찍 왔네요?"

김 대표는 반가운 목소리로 물었고, 서 과장은 약간 쑥스러운 듯 짐을 내려놓으며 대답했다.

"네, 대표님이 요즘 부쩍 힘내시는 것 같아서 저도 조금 일찍…. 서류 정리를 마저 해야 할 게 있어서요."

두 사람은 잠시 마주 보며 웃었다. 예전이라면 서로 방전된 상태에서 '그냥 이렇게 버티다 보니 여기가 지옥이구나…'라고 생각했을 텐데, 요즘은 분위기가 사뭇 달라진 것이다. 자금 확보와 노무 관리 정비를 위한 태스크가 구체적으로 잡히자, 서 과장도 일 처리에 확신이 생긴 듯했다.

"그럼, 서 과장이 담당해야 할 노무 관련 서류는 어디까지 정리되셨을까요?"

김 대표는 모니터를 닫고 서 과장에게 시선을 돌렸다. 그녀가 들고 온 파일을 넘겨받아 살펴보니, 근로계약서 개정안, 주말·야근 수당 체계 등이 깔끔하게 정리되어 있었다.

"박 경영지도사님과 노무사님 덕분에, 제가 빨리 작성할 수 있었어요. 이제 대표님 사인만 하시면 내부 절차대로 바로 적용 가능하대요."

서 과장이 활짝 웃어 보이자, 김 대표도 마음이 놓였다. 실제로 회사 내부적으로 가장 갈등이 많았던 주말 야근 문제만 제대로 처리되어도, 직원들이 훨씬 안도할 게 분명했다.

"좋네요. 오늘 아침 회의 때 직원들에게 공유하면 좋을 것 같아요. 수당이나 업무 시간 체계가 어떻게 바뀌는지, 또 주말 특근은 되도록 없애겠다는 계획도 이야기해야 하고요."

"네, 알겠습니다."

두 사람은 회의 준비를 위해 슬라이드 자료와 공지문을 만들기 시작했다. 직원들에게 전달할 정보가 많았지만, 이상하게 시간 가는 줄 모를 정도로 집중이 잘 되었다. 뭔가 '우리가 해야 할 일이 명확하다'라는 느낌이 들면, 이렇게 일의 능률이 오르기 마련이라는 걸 그제야 깨닫게 되었다.

그러던 중, 서 과장이 문득 김 대표에게 물었다.

"그런데 대표님, 오늘 박 경영지도사님은 오시나요? 자금 신청 관련해 잠깐 회의한다던데."

"아, 오후쯤에 회사에 들를 거예요. 정책자금 신청서 초안이 거의 완성됐다던데, 검토해서 제출까지 도와준다고 하더라고요."

과거 같으면 김 대표가 직접 은행이며 공단이며 찾아다니며 서류를 꾸렸겠지만, 이제는 여러 전문가가 함께 챙겨주니 부담이 훨씬 줄었다. 오히려 자잘한 서류 미비나 놓친 마감 기한 없이 깔끔하게 진행될 듯해 기대가 컸다.

시간이 조금 흐르자, 직원들이 하나둘 출근했다. 그간 쌓인 피로가 완전히 사라진 것은 아니지만, 얼굴빛이 전반적으로 밝아 보였다. 특히 오래된 직원 최석현 과장은 "대표님, 오늘은 뭔가 좋은 일 있습니까?" 하고 농담을 건넸다. 김 대표의 표정이 밝아져 있으니, 직원들도 그 기운을 자연스레 느끼는 듯했다.

"글쎄, 좋은 일 많아질 거야. 우리 회사가 앞으로 좀 달라질 테니까."

김 대표는 농담처럼 답했지만, 마음속에는 진심이었다. 재무·노무·생산·인증 등 분야마다 개선 작업이 시작되면 분명 겉으로도 큰 변화를 체감할 수 있으리라.

곧 아침 회의 시간이 되자, 전 직원이 사무실 한쪽에 모였다. 평소와 달리 김 대표는 발표 자료를 준비해 노트북을 스크린에 연결했다. 짧게나마 '정책자금과 노무제도 개선, 그리고 향후 우리 회사가 가야 할 방향'에 대해 간단한 설명을 이어갔다. 직원들은 평소와 다르게 귀 기울여 들었다. 정말로 '이 회사가 바뀌려나?'라는 기대감이 있다는 게 느껴졌다.

특히 주말 특근 문제에 대해 구체적으로 개선할 계획을 제시하자, 곳곳에서 작은 탄성이 터져 나왔다. 누군가 "이제 주말에는 좀 쉬어도 되는 건가요?" 하고 묻자, 김 대표는 웃으며 "가능하면 그렇게 하는 것이 목표"라고 답했다. 물론 완벽하진 않겠지만, 중장기적으로는 '무작정 특근' 대신 '생산 효율을 높이는 방향'으로 가닥을 잡을 예정임을 밝혔다.

직원들 사이에 긍정적인 에너지가 흐르기 시작했다. 설령 작은 조치

하나라도, 사장이 신경 써서 준비하고 노력을 기울이고 있다는 사실이 중요한 듯했다. 그동안 김 대표는 직원들과의 소통을 간단한 공지나 지시로 때우곤 했다. 그러나 오늘은 '함께 만들자'라는 마음이었다.

회의를 마치고 직원들이 제자리로 돌아갔다. 이때 서 과장이 가까이 다가와 "대표님, 회의 잘하셨네요"라며 조용히 칭찬했다. 김 대표는 머쓱해 하면서도 기분이 좋았다. 확실히, '다시 동이 트는 기분'이란 표현이 딱 맞았다. 새벽처럼 희미하게 시작했지만, 금세 환한 아침이 될 것만 같은 예감이 들었다.

그러다 문득 그는 창밖을 바라봤다. 눈 부신 햇살이 커다란 유리창을 비추고 있었다. 이 전에 고독한 새벽 야근으로 지새우던 때와는 딴판이다. 이제는 혼자가 아니라, 박 경영지도사와 전문가들이 있고, 직원들의 의견을 듣고 함께 개선하는 체계가 있다는 안도감이 깊게 자리 잡고 있었다.

'그래, 오늘부터라도 제대로 시작해보자. 공장 동선 개선, 자금 확보, 인증 준비…. 할 건 많지만 하나씩 해나가면 되겠지.'

그는 마음속으로 다시 다짐했다. 그리고 그 다짐을 가능케 해주는 동력은 이미 사무실 안 곳곳에서 감지되고 있었다. 그것은 바로 희망이라는 이름의 공기가, 좁은 공간을 서서히 채우고 있다는 사실이었다.

함께 가는 길,
함께 뛰는 사람들

#1

컨설팅 계약,
결심의 순간

그날 오후, 김정우 대표는 박선우 경영지도사와 미팅하기 위해 사무실 회의실 한쪽을 깔끔히 정돈했다. 마치 귀빈을 맞이하듯 의자를 새로 배치하고, 테이블 위에는 생수와 간단한 다과를 준비했다. 직원들 사이에서도 '오늘 혹시 큰 계약이라도 하는 건가?' 하며 은근히 기대와 호기심이 퍼졌다.

한동안은 서로를 알아가는 단계였지만, 이제 모든 실무가 시작될 단계에 와 있었다. 자금, 노무, 생산, 인증 문제까지 해결하기 위해서는 구체적인 계약 관계가 필요한 시점이었다. 김 대표도 막연히 박 경영지도사와 '함께한다'라고 생각해왔지만, 실질적 계약을 맺고 범위와 비용을 확정해야 계속 진행할 수 있기 때문이다.

오후 2시가 조금 넘자, 박 경영지도사가 회의실 문을 열고 들어왔다. 늘 깔끔한 정장이었지만, 오늘따라 좀 더 단정하게 다려 입은 옷차림이 눈에 띄었다. 뒤를 이어 그의 팀원으로 보이는 두 명이 살짝 고개 숙여 인사했다. 한 명은 노무 전문 자격을 갖춘 인사 컨설턴트로, 다른 한 명은 재무·정책자금 쪽 실무를 담당하는 스태프였다.

"대표님, 분위기가 좋네요. 오늘은 뭔가 의지를 다지시는 날인가 봅니다."

박 경영지도사가 웃으며 가방을 내려놓았다. 김 대표도 가벼운 미소로 맞받았다. "네, 솔직히 이제는 결심해야 할 때라서. 제대로 계약하고, 다음 단계로 가야지요."

그 말에 박 경영지도사는 파일철을 꺼내 들었다. "일단 준비해온 제안서부터 살펴보시지요. 컨설팅 범위와 기간, 예상 비용, 그리고 각종 실무 방식에 대한 내용이 정리되어 있습니다."

김 대표는 두 손으로 파일을 받았다. 이미 큰 틀은 들었지만, 세부 사항은 오늘 처음 확인하는 터라 약간 긴장이 되었다.

- 계약 기간 : 최소 6개월, 필요시 3개월 단위 연장 가능
- 컨설팅 범위 :
  - 자금 확보(정책자금, 은행 대출 구조 개선)
  - 노무·인사 제도 정비
  - 생산·공정 효율화 자문
  - 인증·사업 확장(ISO, 이노비즈 등) 준비 및 신청 보조
- 비용 구조 :
  - 기본 착수금 + 월별 진행비
  - 정책자금·인증 등 성공 시 일부 성과 보수

파일을 쓱 훑어보던 김 대표는 즉시 '비용이 부담스러울 수 있겠다' 라고 마음속으로 생각했다. 과거에는 컨설팅에 대한 선입견도 컸고, '결국 돈만 쓰게 될지도 모른다'라는 의심을 지울 수 없었다. 그러나 최근 박 경영지도사의 도움으로 얻은 성과(노무체계 정비, 자금 서류 준비 등)를 떠올리니, 막연히 '비싸다'라고만 치부할 수는 없었다.

그는 문서를 한 장 넘기며, "정책자금이 잘 풀리면, 컨설팅 비용 부담은 어느 정도 해소되겠네요?" 하고 조심스레 물었다.

박 경영지도사는 고개를 끄덕이며 답했다. "맞습니다. 정책자금을 통해 일정 부분 자금을 확보하게 되면, 컨설팅 비용뿐 아니라 회사 운영 전반도 한결 수월해질 겁니다. 물론 정책자금이 무조건 나온다는 보장은 없지만, 지금 상황이라면 충분히 가능성이 커요."

옆에서 대기하던 재무 담당 스태프가 침착한 목소리로 덧붙였다.

"저희가 미리 서류 검토와 보완작업을 하고, 인터뷰 대비나 현장 실사 준비도 도와드립니다. 대표님이 일정만 맞춰주시면, 최대한 심사 통과율을 높일 수 있을 거예요."

김 대표는 작게 숨을 내쉬었다. 마음속에서 '정말 이대로 가도 괜찮을까?' 하는 마지막 망설임과, '지금 아니면 또 언제 이런 기회가 오나?' 하는 결심이 교차하고 있었다. 이미 어느 정도 답은 정해져 있었지만, 계약서에 사인한다는 건 곧 돈과 책임이 동시에 달린 선택이었다.

"그리고 노무·인사 분야는 이미 첫 단추를 끼우셨으니, 이 기회에 확실히 정리하면 직원들 만족도가 크게 올라갈 겁니다. 요즘은 '직원 복지·문화'가 중소기업 경쟁력의 핵심이거든요.”

노무 전문 컨설턴트가 미소를 지으며 말을 이어갔다. 그러자 김 대표는 지난번 직원 인터뷰에서 들었던 '숨겨진 불만'이 떠올라, 본능적으로 고개를 끄덕였다.

“네, 이번에 제도 개선하겠다고 공언도 했으니, 제대로 실행해야지요. 다들 기대하고 있거든요.”

한참 문서를 살펴보며 질의응답이 오간 뒤, 결국 김 대표는 커다란 결심을 굳혔다. 마음에 걸리는 부분은 없다고 할 수 없지만, 더는 미루면 회사가 회복하는 타이밍을 놓칠 뿐이었다. 말 그대로 벼랑 끝에서 큰 결정을 내리는 기분이랄까.

“좋습니다. 저도 마음이 섰습니다. 계약서 가져오셨을까요?”

그가 물으며 조용히 펜을 집어 들었다. 박 경영지도사는 미소 지으며 계약서를 꺼내 건넸다.

“이건 상호 신뢰가 최우선인 계약입니다. 대표님과 저희가 목표를 공유하고, '이 회사가 어떻게 성장할지' 함께 고민한다는 점에서 단순 고용 관계와는 다르지요.”

김 대표는 계약서를 꼼꼼히 살펴봤다. 착수금, 월별 진행비, 성과 보수 등 숫자들이 눈에 들어왔지만, 납득할 수 있는 범위였다. 다음 페이지에는 컨설팅 수행 범위와 대표의 협조 의무가 구체적으로 적혀 있었다. “당연한 내용이군요” 하고 중얼거리며, 그는 펜을 들어 부지런히 사인해나갔다.

서류 작업이 끝나자, 회의실 안은 일순간 조용해졌다. 김 대표가 잠시 숨을 고르다 고개를 들어 박 경영지도사와 눈이 마주쳤다. 마치 '함께 열심히 해보자'라는 신호를 교환하는 듯했다. 박 경영지도사가 먼저 손을 내밀었다.

"대표님, 앞으로 잘 부탁드립니다. 이제 우리 모두 바빠지겠네요."

김 대표도 그 손을 단단히 잡았다. "저도 잘 부탁드립니다. 그리고 미리 고맙습니다. 사실 지금 상황이면, 다른 데서 뭘 하기도 쉽지 않았을 거예요."

"아닙니다. 사장님 의지만 있으면 저희가 힘껏 도울 테니까요."

박 경영지도사는 두 명의 팀원에게도 각각 한마디씩 소개하며, 구체적인 역할을 설명했다. 재무 담당 스태프가 정책자금 절차와 서류 진행을 도맡을 것이고, 노무 전문 컨설턴트가 직원들 면담 및 제도 설계 전반을 책임진다. 박 경영지도사 본인은 전체 프로젝트를 총괄하며, 필요하면 외부 전문가나 인증 기관과의 연결을 조율해준다고 했다.

계약서를 사이에 두고, 네 사람이 회의실 탁자에 둘러앉아 앞으로의 일정을 간략히 잡았다. 정책자금 신청서 마감 기한, 노무제도 완성 목표 시점, 공정 개선 컨설팅 시범 기간 등이 예쁘게 표로 정리되었다.

"대표님, 앞으로 한두 달 동안은 이 일정표대로 움직이신다고 보면 돼요. 추가 변수는 중간중간 같이 논의하고요."

박 경영지도사의 말투는 단호하지만, 어딘가 안심되는 느낌이 있었다. 김 대표는 긴장을 조금 풀고 의자에 몸을 기댔다. '이제는 한 팀이

구나' 하는 생각이 마음속에서 퍼져나갔다.

그렇게 한 시간 넘게 이어진 미팅이 끝나고, 박 경영지도사와 팀원들이 자리를 정리했다. 김 대표는 그들을 배웅하기 위해 사무실 입구까지 따라 나갔다. 직원들이 갸웃거리며 "어디 가세요?" 묻는 눈길을 보냈다. 김 대표는 작게 웃으며 "이제부터 우리 회사 함께 살릴 파트너 배웅"이라고 짧게 설명했다. 직원들도 어렴풋이 짐작한 듯, 반갑게 인사를 건넸다.

잠시 후, 문이 닫히자 김 대표는 사무실 안에 혼자 남게 되었다. 계약서가 든 파일을 꼭 끌어안고, 묘한 뿌듯함이 온몸을 감싸는 기분이었다. '이제 정말 시작이구나'라는 실감이 났다. 동시에 두려움도 조금 스며들었다. 비용은 분명 작지 않았다. 과연 박 경영지도사가 제시한 로드맵대로 모든 게 술술 풀릴지 장담할 수도 없다.

그런데도 '함께 가는 길'을 선택했다는 사실이 그에게 큰 위안이 되었다. 더 이상 혼자 밤새 고민만 하다 시간을 흘려보내지는 않을 거란 확신이 들었다.

김 대표는 벽시계를 흘끗 봤다. 아직 오후 업무 시간은 한창이다. 하지만 오늘 이 서류를 쥐고 있는 순간만큼은, 회사에 있어서 새로운 전환점이 될 것을 직감했다. '드디어 결심했다. 비용도 시간도 들겠지만, 회사가 살아나는 길이라면 아깝지 않지.'

그는 자리로 돌아와 컴퓨터를 켰다. 마음속에서 묵직했던 부담이 한결 덜어진 느낌이었다. 이제부터 해야 할 일은 뻔하다. 계약서에 적힌

조항들을 성실히 이행하고, 전문가들의 조언을 최대한 수용하며, 사장으로서 총력을 기울여 회사를 바꿔나가는 것이다. 그리고 이 선택의 결실을 직원들도 함께 누릴 수 있도록 하는 것, 그게 바로 김 대표의 바람이었다.

문득 창문 너머를 보니, 어느새 오후 햇빛이 부드럽게 사무실을 비추고 있었다. 혼자만의 싸움이 아닌, 파트너들과 함께 하는 도전이 이제 막 첫걸음을 뗐다. 김 대표는 천천히 숨을 들이마시며 자신에게 다짐했다.

'괜찮아. 결심했으니까, 이번에는 끝까지 가보자.'

#2

실무팀 총출동

컨설팅 계약서에 사인을 마치고 며칠 뒤, 박선우 경영지도사가 이끄는 실무팀이 본격적으로 회사에 투입되었다. 지난번에는 대표와의 미팅 중심이었다면, 이번에는 각 파트 전문가들이 현장에서 뛰며 구체적인 업무를 진행할 참이었다.

김정우 대표는 사무실에 마련된 임시 프로젝트룸 문을 열고 들어섰다. 안쪽에는 이미 노무·세무·재무·생산 등 여러 분야 담당자들이 모여 있었다. 예전에 짧게 소개를 들었던 이름들이 어느새 한자리에 모인 것이다.

- 노무 전문가 이서윤 : 직원 근로계약, 복리후생, 노무 분쟁 예방 등을 담당
- 재무·자금 담당 류성민 : 정책자금 신청, 은행 대출 재협상, 재무 안정화 방안 지원

- 생산 공정 담당 최규현 : 공장라인 효율화, 장비·설비 개선안 검토
- 마케팅·인증 담당 홍수정 : 기업인증 전략, 홍보·판로 확장 조언

그들은 간단히 명함을 주고받고, 각자 맡은 역할과 회사에 대한 첫인상을 교환했다. 김 대표는 고개를 돌려가며 인사를 나누느라 꽤 바빠졌다. 모두 나름의 경력이 탄탄해 보였고, 회사 문제 해결에 열정적인 분위기가 감돌았다.

"자, 이쪽이 우리 대표님."
박 경영지도사가 김 대표를 가볍게 소개하자, 팀원들이 동시에 "안녕하세요!" 하고 외쳤다. 보통 외부 컨설턴트라고 하면 딱딱한 이미지가 떠오르기 마련인데, 이들은 비교적 밝은 표정과 부드러운 말투로 현장에 자연스럽게 녹아들고 있었다.

"오늘부터 본격적으로 일을 시작할 텐데요."
박 경영지도사가 프로젝트룸 앞 화이트보드를 가리켰다. 이미 여러 가지 일정이 빼곡하게 쓰여 있었다. '재무·노무 실태 파악 미팅', '생산라인 실사', '직원 간담회', '정책자금 서류 마감' 같은 항목들이 날짜별로 정리되어 있었다.

"우선 류성민 팀원은 정책자금과 은행 대출 재협상을 도와드릴 거예요. 이서윤 컨설턴트가 노무·인사 제도 개선을 계속 챙길 거고, 최규현 팀원은 생산 공정 쪽 현장 투어부터 시작할 겁니다. 홍수정 컨설턴트는 아직 인증 시점이 조금 남긴 했지만, 마케팅 전략과 함께 준비해두자고

제안해서 곧 자료를 수집할 거예요."

김 대표는 차례로 팀원들과 시선을 마주치며 고개를 끄덕였다. 그동안 막연히 생각만 하고 손대지 못했던 과제들이 이제야 체계적으로 착수되는 기분이었다.

"정말 대단하네요. 이렇게 팀이 움직이는 걸 보니, 저는 어디서부터 손대야 할지 몰랐던 게 한눈에 보이네요."

그가 감탄을 표하자, 박 경영지도사는 "대표님은 저희에게 필요한 자료와 결재만 빠르게 주시면 됩니다. 대신 현장 의견을 자주 듣고, 직원들과 소통하는 건 대표님이 적극적으로 나서주셔야 해요"라고 당부했다.

곧이어 팀원들은 회사 내부 직원들과 짝을 이뤄 세부 작업을 진행하기 시작했다. 류성민 팀원은 경리 서은영 과장과 함께 재무·현금 흐름 데이터를 마지막까지 검토하며, 정책자금 신청서류를 확정해나갔다. 어느 시점에 서류를 제출하고 심사 면담을 준비해야 하는지, 리스트가 구체적으로 작성되었다.

"와, 이렇게만 하면 되네요. 혼자 헤맬 땐 몇 주가 걸릴까 했는데…."

서 과장은 감탄사를 연발했다. 류 팀원은 "정형화된 양식과 체크포인트가 있거든요. 사실 이런 식으로 절차만 지키면 신청 자체는 어렵지 않아요"라며 미소 지었다.

다른 한편에서는 이서윤 컨설턴트가 직원들의 근로계약서를 꼼꼼히 살피고 있었다. 수당 계산, 휴가 규정, 주말 특근 제한 등 세부 항목들을 하나하나 짚으며, "이 부분은 개정이 필요하겠네요"라든지 "주 52시간 대비는 어떻게 하셨나요?" 같은 질문을 쏟아냈다. 김 대표는 살짝 뜨끔했지만, 제대로 관리하지 못했던 부분을 이제는 바로잡을 수 있으리라 기대했다.

생산 공정 담당 최규현 팀원은 공장 쪽으로 향했다. 기계 배치도와 물류 동선을 살펴보더니, 노트에 열심히 그림을 그려가며 작업 효율을 계산했다. 직원들이 "지금 여기가 작업하기 불편하다"라고 호소하자, 그는 "아, 이 부분만 다시 배치하면 동선이 많이 줄어들겠네요"라고 즉각 아이디어를 내놓았다.

마지막으로 홍수정 컨설턴트는 아직 본격적인 인증 절차가 시작되지 않은 상태이지만, 제품 브로슈어와 과거 홍보자료를 모아 회사의 장점을 분석하고 있었다. "우리 회사만의 특장점을 찾고, 그걸 인증 취득과 마케팅에 활용해야 해요"라는 말에, 김 대표는 다소 어색하게 웃으며 "사실 그 부분이 저희 약점이지요. 제대로 정리 못 했거든요"라고 인정했다. 홍 컨설턴트는 적극적으로 "대표님과 직원들 인터뷰하면서 스토리를 찾으면, 그게 곧 회사 경쟁력이 될 수도 있어요"라고 답했다.

한나절 만에 회사 곳곳에 분주한 기운이 감돌았다. 컨설팅팀과 직원들이 돌아다니며, 마치 '작은 프로젝트팀'이 여기저기서 동시에 가동되는 듯한 모습이었다. 의외로 직원들도 "전문가가 와서 일 도와주니까 신기하다"라며 긍정적 반응을 보였다. 사장이 직접 지시하는 것보다,

각 분야 전문가가 근거를 들어 설명해주니 설득력이 훨씬 높았다.

점심시간이 되어서야 김 대표는 간단히 식사하며, 박 경영지도사와 짧은 대화를 나눌 기회를 얻었다.

"이렇게 팀원들이 일사불란하게 움직이는 걸 보니, 제가 안심되네요. 사실 처음에는 컨설팅에 대한 의구심도 많았는데…."

김 대표가 솔직한 심정을 털어놓자, 박 경영지도사는 고개를 끄덕였다.

"네, 당연히 불안하셨을 거예요. 그래도 대표님이 결심해주셔서 시작할 수 있었던 거지요. 우리 팀은 분업이 기본입니다. 혼자서 다 하려면 한 달, 두 달이 걸릴 일도 동시에 착수하면 훨씬 단축할 수 있거든요."

김 대표는 그 말을 곱씹으며, "맞아요. 이게 '내가 혼자 해결해야 한다'라고 생각했던 과거와 큰 차이인 것 같아요"라며 미소를 지었다. 조금 전까지는 직원 개개인의 불만과 요구사항 때문에 고민이었다. 그러나 이제는 정확한 문제 분석과 실행 플랜이 보이니 두려움보다 의욕이 앞섰다.

"그럼 다음 주쯤에는 작업 상황을 중간점검하면서, 대표님과 각 담당자를 모아 따로 보고해볼게요. 회사가 어떻게 변하고 있는지 실감 나실 겁니다."

박 경영지도사가 일정을 제안하자, 김 대표는 흔쾌히 고개를 끄덕였다. "좋아요. 직원들도 서로 뭘 하는지 알아야 시너지를 낼 수 있겠지요."

그날 오후, 실무팀은 저마다 맡은 업무를 분주히 이어갔다. 노트북을 여러 대 펴놓고, 서류를 확인하며 직원들과 이야기를 나눴다. 때로는 계단을 오르내리며 공장과 사무실을 쉴 새 없이 오갔다. 과연 '실무팀 총출동'이라는 말이 어울릴 정도로, 온 회사가 하나의 프로젝트 장이 된 느낌이었다.

김 대표는 이를 지켜보며 마음속에 새로운 확신을 품었다. '이제부터 우리 회사가 제대로 정비되는 과정을, 내가 확실히 이끌어가야겠다. 그리고 이들의 도움을 적극적으로 받아서, 다시 성장의 모멘텀을 만들어 보자.'

예전처럼 막막한 기분이 아니라, 함께 뛰는 사람들과 분담하고 협력하는 기쁨을 강하게 느꼈다. 처음 겪는 일이지만, 앞으로 회사가 조금씩 변해갈 모습이 기대되어 어쩐지 설레는 마음마저 들었다.

#3

이거 해봤어?

　며칠 전부터 박선우 경영지도사가 이끄는 실무팀이 회사 전반에서 본격적으로 활동하는 걸 보며, 김정우 대표는 그동안 몰랐던 사실을 하나둘 깨닫고 있었다. 특히 눈에 띄는 건 팀원들이 회사를 살피면서 "혹시 이거 해보셨나요?" 하고 자꾸 묻는 습관이었다. 처음에는 그저 호기심 어린 질문인 줄 알았다. 그러나 알고 보니 이게 바로 실행을 유도하는 강력한 방식이었다.

　예를 들어, 재무 담당 류성민 팀원이 정책자금과 은행 대출 재협상을 함께 챙기고 있을 때의 일이다. 어느 날 류 팀원이 경리 서은영 과장과 재무 자료를 검토하다가 "대표님, 신용보증재단 보증이나 보증보험 같은 걸 활용해보셨어요?"라고 물었다. 서 과장은 어렴풋이 그런 제도가 있다는 건 들어봤지만, 바쁘다 보니 구체적으로 시도해본 적은 없었다고 답했다.

그러자 류 팀원은 "그런 보증 제도를 잘 활용하면, 대출 이자율을 확 낮출 수도 있고, 정책자금 확보도 많이 될 수 있어요"라고 설명하면서 바로 서류와 절차를 보여주었다. 김 대표가 옆에서 지켜보며, "이런 게 있었다니…. 우리도 시도할 수 있겠네요"라고 감탄했다. 류 팀원이 웃으며 "당장 신청해볼까요?"라고 되물었다. 보통이라면 준비가 번거롭다고 넘어갔을 일들이, 이렇게 '지금 바로 해보자'라는 흐름으로 이어지니, 서 과장도 금세 실행에 들어갈 수 있었다.

비슷한 상황은 공장에서도 벌어졌다. 생산 담당 최규현 팀원은 매일같이 현장을 돌아다니며 기계 배치와 작업 동선을 확인했다. 조용히 지켜보던 그는 한 직원에게 "혹시 라인 재배치 같은 걸 검토해보신 적 있나요?"라고 물었다. 직원은 고개를 저으며 "처음 그대로 쓰고 있어요. 굳이 옮길 생각도 못 했습니다"라고 답했다. 최 팀원은 잠시 메모하더니 김 대표와 같이 서서 "기계를 조금만 옮겨도, 원자재 이동 동선이 절반 이하로 줄어들 것 같아요. 이거 실제로 해보면 주말 특근 부담도 덜어질 텐데, 생각해보신 적 없으세요?"라고 말했다. 김 대표는 혹시 모를 예산 걱정을 내비쳤지만, 최 팀원은 정부 지원사업으로 소규모 설비 개선 비용을 지원해줄 가능성이 있다고 설명했다.

그 말에 김 대표는 "우리 회사에도 그런 게 해당할 줄은 몰랐네요. 해볼 만하겠는데요?"라며 반색했다. 직원들도 "한번 시도해볼까요?"라고 관심을 보였다. 결국, 작은 구역부터 테스트 삼아 재배치를 해보자는 결론이 났다. 그간 막막하기만 했던 현장 개선이 실제 진행 궤도에 오르게 되었다.

노무 전문가 이서윤 컨설턴트의 접근도 비슷했다. 직원들 면담을 마친 뒤 김 대표에게 와서 "회사가 직원 제안을 체계적으로 받는 채널이 있어요?"라고 물었다. 김 대표가 머쓱해 하며 "바빠서 직원 의견 수렴에 신경 못 썼어요"라고 답하자, 이 컨설턴트는 "그럼 제안 제도나 간단한 주간 회의부터 시작해볼까요? 소규모라도 운영하면, 직원들이 애로사항이나 아이디어를 빠르게 올릴 수 있어요"라고 권유했다. 대기업에서나 그런 걸 한다고 생각했던 김 대표는 생각지도 못했다는 반응을 했다. 그러나 그날 오후 바로 '아이디어 제안 제도 시범 운영안'이 만들어졌다. 이 컨설턴트는 직원들과 함께 초안까지 마련했다. 김 대표는 "이런 건 나중에나 해야지 막연히 생각했는데, 하려면 지금이라도 할 수 있군요"라고 감탄했다.

이런 식으로 "혹시 이거 해보셨나요?"라는 질문이 회사 곳곳에서 연일 터져 나왔다. 김 대표가 예전 같으면 '알긴 아는데, 실행하기 복잡하지 않을까?' 하고 생각만 하던 일들이, 컨설팅팀의 적극적 참여 덕분에 금방 실무로 이어지는 모습이었다.

예컨대 거래처 가격 협상 문제도 마찬가지였다. 원자재가 올라서 회사가 자꾸 손해를 보는 상황에 대해, 마케팅·인증 담당 홍수정 컨설턴트가 "거래처와 가격 재협상을 해본 지 얼마나 됐나요?"라고 묻자, 김 대표는 난감해하며 "최근에는 아예 생각도 못 했어요. 관계가 껄끄러워질까 봐…"라며 멈칫했다.

하지만 홍 컨설턴트는 "간단히 공문 보내고, 그 뒤 전화로 사정을 설명하면 의외로 받아줄 수도 있어요. 저희가 사례 템플릿도 드릴 테니,

시도해보시는 건 어떨까요?"라고 부드럽게 제안했다. 그래서 김 대표는 속는 셈 치고 협상에 나섰는데, 뜻밖에도 거래처가 재검토를 약속하며 긍정적인 신호를 보내온 것이다. "처음부터 도저히 안 될 거라고 생각했는데, 막상 두드려보니 가능성이 있더라고요"라고 김 대표는 컨설팅팀에게 후일담을 들려주었다.

이처럼 매 순간 작은 제안이 쌓이면서, 회사가 조금씩 변해가는 모습을 직원들도 체감하기 시작했다. 예전이라면 대표 혼자 고민하다가 흐지부지되거나, '언젠가 해야지'라고 미뤄둔 개선안들이 이제는 팀원들의 말 한마디에 곧바로 움직이고 있었다. 김 대표는 밤늦게 사무실을 둘러보다가 '왜 진작 누군가 옆에서 이렇게 물어봐주지 않았을까?'라는 생각을 했다. 늘 아이디어가 부족했던 것이 아니라, '실행까지 밀어붙일 동력'이 없었던 것이 더 큰 문제였던 셈이다.

가장 인상적인 건 실무팀의 태도였다. 단지 서류를 고쳐주거나 조언을 해주는 수준을 넘어, '지금 당장 해볼 수 있는 것부터 해보자'라며 등 떠미는 식으로 행동을 유도했다. 김 대표는 자신의 스마트폰 메모 앱을 켜서, 실행 계획 목록을 늘어놓고는 하루에도 몇 번씩 체크를 했다. '정책자금 서류 → 이번 주 제출', '기계 재배치 테스트 → 사내 공지 준비', '노무 제안제도 → 직원 안내문 작성 완료' 등 마치 대기업 프로젝트처럼 여러 업무가 동시다발적으로 돌아가고 있었다.

직원들도 이 변화에 흥미를 느꼈다. 이전에는 대표의 지시가 내려올 때까지 기다려야 했던 일이, 이제 컨설팅팀의 권유로 즉각 회사 차원에서 실행되는 경우가 잦았다. 불만 많은 선임 직원 최석현 과장조차 "외부 전문가라고 해서 딱딱한 줄 알았는데, 오히려 수시로 우리 의견을 묻고, '그럼 그렇게 해볼까요?'라고 하니 분위기가 확 달라졌다"라고 김 대표에게 전하기도 했다.

어느 날 오후, 김 대표는 문득 박 경영지도사에게 궁금증을 털어놓았다. "경영지도사님, 이렇게 팀원들이 일일이 묻고 함께 실행하려고 하는 게 흔한 건가요? 보통 컨설팅은 회사 내부 문제를 분석해보고, 서류 정리만 해주는 거로 알았는데요."

박 경영지도사는 "회사가 필요로 하는 건 '분석'보다 '실행'이니까요. 이론적으로는 다 아는데, 실무가 바빠서 못 하는 것을 옆에서 실현하도록 돕는 것이 저희 역할입니다. 그래서 우리 팀도 '이거 해보셨나요?'라는 질문을 습관처럼 해요. 생각은 떠올렸어도 실행 못 하는 것을 자꾸 끄집어내고, 당장 가능한 것부터 시도하게끔 만드는 거지요"라고 대답했다.

그 말에 김 대표는 고개를 끄덕이며 "아, 그렇군요. 한번 알고 끝이 아니라, 실제로 손발이 움직이게 하시는 거네요"라고 감탄했다.

그날 저녁, 일이 어느 정도 정리된 뒤 사무실에 혼자 남은 김 대표는 기존에 시도조차 못 했던 일들이 하나둘 진행 중인 걸 떠올리며 입가에 미소를 지었다. 원자재 단가 재협상, 소규모 공장라인 재배치, 직원 제안제도, 보증보험 활용 등. 예전이라면 '해야지, 해야지' 하다 몇 달을 넘겼을 일들이 불과 며칠 사이에 준비 작업에 돌입한 것이다. 그것만으로도 회사에서 느끼는 활력이 크게 달라졌다.

'정말 묘하네. 단지 물어봐주고, 살짝 도와주는 것뿐인데 이렇게 변화가 빠를 줄이야.'

그는 속으로 그렇게 생각했다. 그리고 이 변화가 앞으로도 계속 이어진다면, 회사를 둘러싼 문제들이 하나씩 해결될 뿐만 아니라, 어쩌면 더 큰 가능성을 찾아낼 수도 있다는 설렘이 찾아왔다.

짧은 시간이었지만, 김 대표는 확실히 깨달았다. 컨설팅은 결국 '함께 고민하고, 실행을 이끌어주는 파트너'다. 그냥 머릿속에만 그칠 걸 현실로 옮기게 만드는 힘이 있었다. 그리고 이들은 끊임없이 "이거 혹시 해보셨어요?"라고 묻는다. 그 질문 속에 담긴 의미는 결국 하나다. '못 해서 안 하는 게 아니라, 안 해서 못 했을 뿐입니다. 그럼 지금 당장 시도해볼까요?'

김 대표는 그 문장을 되뇌며 자리에서 일어섰다. 내일 아침이 되면 또 새로운 '해볼 일'이 기다리고 있을 테고, 그는 그 과정을 즐겁게 감당할 준비가 되어 있었다. 더 이상 혼자 머뭇거리지 않고, 옆에서 '가자'라고 이끌어주는 팀이 있다는 사실이 지금의 자신에게는 가장 큰 힘이었다.

#4

직원들에게도
변화가 온다

시간이 조금 흐르자, 회사 안팎에 은근한 파장이 일기 시작했다. 처음에는 대표와 외부 컨설팅팀만 분주하게 돌아다니는 듯 보였는데, 이제는 직원들도 하나둘씩 변화를 체감하며 동참하는 분위기가 뚜렷해졌다. 매일 똑같이 반복되던 일상에서 벗어나, 뭔가가 달라지고 있다는 기대감이 사내 곳곳에 스며든 것이다.

대표적으로 눈에 띄는 변화는 의견 교류가 활발해진 모습이었다. 노무 전문가 이서윤 컨설턴트의 제안으로 도입된 간단한 '제안 제도'가 의외로 호응을 얻었다. 직원들이 일상적으로 떠올렸던 불편함이나 아이디어를 적극적으로 내기 시작했다. 예전이라면 '대표님도 바쁘시고, 말해봤자 받아들여지기 어렵겠지…' 하며 마음속으로만 생각했던 일들이 이제는 메모지에 적혀 제안함으로 들어가거나, 주간 미팅 자리에서 자연스럽게 거론되었다.

예컨대, 오랫동안 근무해온 최석현 과장은 "작업 일정이 갑자기 몰릴 때마다 현장에서 무작정 야근·특근으로 해결한다"라고 불만을 터뜨렸는데, 이번 주간 회의에서 그와 관련된 의견을 정리해서 올리자 상황이 달라졌다. 이 컨설턴트가 사장·경영진과 즉각 공유하고, 인사제도 개편 초안에 '사전 예측 가능한 근무 계획'과 '초과근무 최소화' 조항을 구체적으로 추가했다. 최 과장은 처음에는 '큰 변화 없을 거야'라고 반신반의했지만, 김정우 대표가 회의 자리에서 공식적으로 "앞으로는 무계획 야근을 최대한 줄이겠다. 미리 스케줄을 공유하고 대안을 마련해볼 것이다"라고 선언하자, 직원들도 실제로 바뀌겠다는 확신을 조금씩 가지게 되었다.

젊은 신입 직원 박지연 씨도 의외로 활발하게 움직이는 모습이 눈에 띄었다. 초반에는 어색해하며 주변을 살폈지만, 컨설팅팀의 권유로 주간 미팅에서 "제가 새로운 동선 아이디어를 생각해봤는데…"라며 발표에 나섰다. 원자재 적재 위치와 작업 대의 간격을 다르게 설정하면 이동 시간을 줄일 수 있다는 간단한 제안이었는데, 이를 듣고 생산 공정 담당 최 과장이 즉시 공장라인 개선 시뮬레이션에 참고했다. 박지연 씨는 "제 의견을 이렇게 바로 받아주다니, 솔직히 놀랐어요"라고 말하며 쑥스러워했지만, 사실 그녀의 아이디어가 시범 적용되는 과정을 보며 다른 직원들도 '나도 뭔가 말해볼 수 있겠다'라는 용기를 얻었다.

사내 분위기가 바뀌자, 일이 진행되는 방식도 달라졌다. 예전에는 직원들이 수동적으로 지시를 기다리는 경우가 많았지만, 이제는 부서별로 "이 문제, 우리가 먼저 알아봐도 될까요?"라며 움직이는 일이 잦아졌다. 경영지원팀에서는 정책자금 관련해 "대표님, 이거 신청서류 중 일부 항목은 우리가 먼저 발로 뛰어볼게요"라고 자발적으로 나서는 식이다. 김 대표로서는 걱정이 덜어져서 한결 여유가 생겼다. 컨설팅팀이 서류나 절차를 도와주긴 해도, 결국 회사 내부적인 협조가 없으면 안될 일이니, 직원들이 주도적으로 나서주는 모습을 지켜보는 것만으로도 큰 힘이 되었다.

그뿐 아니라, 조직 분위기도 눈에 띄게 부드러워졌다. 오래된 직원들이나 선임 직원으로서는 '컨설턴트가 와서 다 휘젓고 나면 끝 아냐?'라고 의심할 수도 있었는데, 실제로 겪어보니 그 반응이 달라졌다.

"외부 사람들이 와서 지적만 할까 봐 걱정했는데, 우리 의견을 더 많이 들어주는 거예요. 개선책도 같이 찾고. 이러니 믿음이 생길 수밖에 없지요."

생산 현장에서 일하는 이승철 씨가 어느 날 커피를 마시며 동료들에게 한 말이었다. 예전에는 이 씨가 '현장 관리가 너무 비효율적'이라며 사내 게시판에 글을 올려도 별 반응이 없었다. 이번에는 공정 담당 최 과장이 직접 찾아와 상황을 문의하고, 함께 해결책을 모색해주니, 불만이 줄어들고 협업 의욕이 커지는 게 당연했다.

직원 간 소통도 서서히 늘었다. "어떻게 하면 우리 회사가 더 나아질까?"라는 물음에 대해 자유롭게 이야기하는 시간이 생기고, 컨설턴트들도 이를 놓치지 않고 "그럼 이거 한번 해보시지요"라며 실행까지 옮기는 구조가 자리 잡았다. 처음에는 익숙하지 않아 머뭇거리던 직원들도, 돌아가는 분위기가 활기차니 "혹시 이런 지원사업도 있던데 우리해볼래요?" 식의 이야기를 적극적으로 꺼냈다. 이런 흐름 속에서 김 대표는 절감했다. '직원들도 회사가 잘되길 바라고 있었는데, 이제야 길이 열린 거구나.'

물론 모든 것이 순조로운 것만은 아니었다. 한꺼번에 많은 변화가 일어나니, 일부 직원들은 '너무 급격한 거 아니냐'며 피로를 느끼기도 했다. "주말에는 좀 쉬고 싶은데, 너무 많은 시범 프로젝트를 돌리는 거 아닌가요?"라고 토로하는 목소리도 나왔다. 김 대표는 그런 의견을 놓치지 않고, 컨설팅팀과 협의해 일정을 다시 조율하는 등 조정 작업도 병행했다. 다행히 직원들이 이미 열린 태도로 의견을 주고받는 분위기에 적응했고, 공장·사무실 내부를 오가며 서로 대안을 찾는 흐름이 자리를 잡아갔다.

특히, 컨설팅팀이 '실행'을 강조하는 만큼, 직원들이 참여해보면 즉시 작게라도 결과가 나타나니, 그 재미를 느끼는 이들도 있었다. 예를 들면, 신입 직원 박지연 씨가 제안했던 동선 개선 아이디어가 현장에 잠시 시범 적용되었는데, 작업자들이 실제로 "오늘 물류 이동 횟수가 확 줄었네요?"라고 체감하며 웃었다. 직원들은 "오, 이런 게 되긴 하네"라며 놀라웠다는 반응을 보였고, 박지연 씨는 "내가 회사 생활에 기여할 수 있다는 게 신기하다"라며 들뜬 모습이었다.

결국, 이런 사소한 성공 경험들이 모여 큰 변화를 만든다. '아, 우리도 뭐든 할 수 있구나'라는 심리가 확산하는 것이 가장 큰 수확이었다. 김 대표가 주간 보고회의에서 "직원들의 아이디어 덕분에 생산 효율이 조금씩 올라가고 있습니다. 수고 많으셨어요"라고 공개적으로 칭찬하자, 직원들 얼굴에 뿌듯한 표정이 감돌았다.

그날 저녁, 회의를 마치고 사무실을 둘러본 김 대표는 몹시 뿌듯했다. 불과 몇 주 전만 해도 부서 간 대화가 서먹하고, 다들 하루하루 업무만 겨우 처리하느라 지쳐있었는데, 요즘은 "우리 이거 해볼까요?" 같은 제안이 자연스럽게 오갔다. 작은 문제들도 머리를 맞대며 해결하는 문화가 만들어지고 있었다. 컨설팅이라는 외부 자극이 직원들에게 '함께 나아갈 수 있다'라는 마음을 불러일으켰고, 그 기운을 유지하면서 다음 단계로 넘어간다면 회사 전반의 분위기가 한층 좋아질 것이라 확신했다.

김 대표는 한번 더 확인하듯, 바쁘게 돌아다니는 직원들의 모습을 살폈다. 다들 피곤해 보이면서도, 눈빛에는 약간의 들뜸과 기대감이 서려 있었다. '이제 정말, 예전과는 다른 길을 걸어가고 있구나.' 그는 이런 분위기가 안정적으로 자리 잡을 수 있도록, 자신도 더 열심히 직원들의 목소리를 들으며 실행을 밀고 나가야겠다고 마음먹었다. 무엇보다 회사가 '사장이 일방적으로 지시하는 곳'이 아니라, '여럿이 함께 고민하고 바꾸는 곳'이라는 인식을 쌓아가는 것이 중요해 보였다.

그렇게 작은 성공과 시행착오를 거듭하는 사이, 직원들도 서서히 체감하고 있었다.
'우리 회사도 이렇게 바뀔 수 있구나. 기다리기만 하면 변하지 않았겠지만, 이제 함께 움직이니 변하고 있네.'
그 사실이 무엇보다도 소소한 즐거움과 에너지를 만들어주고 있었다.

경영 컨설팅은 중소기업 대표에게 좋은 기회가 된다. 문제는 대표가 아무런 준비 없이 '그냥 해주세요' 식으로 임하면, 오히려 시간·비용만 낭비될 수도 있다는 사실이다.

다음 다섯 가지 포인트를 눈여겨본다면, 컨설팅 효과가 배가될 가능성이 크게 높아진다.

혼자서 산더미 같은 고민을 끌어안지 말고, 회사 내부 상황을 투명하게 공유하면서 대표로서 결단과 소통을 책임 있게 해내야, '그동안 해결 못 했던 문제'들을 시원하게 뚫을 수 있다.

1. 숨기지 말고, 있는 그대로 드러내라.

컨설팅을 받고 싶다고 해서, 겉보기 정보만 조금 던져놓으면 컨설턴트 역시 '표면적인 진단'밖에는 할 수 없다. 회사 재무제표, 세무 자료, 인사 현황, 생산 공정 흐름, 마케팅 현황 등 실질적으로 해결해야 할 문제들이 숨어 있는 서류와 데이터는 대표가 먼저 정리·공개해줘야 한다.

일부 대표들은 '재무 상태가 안 좋아서 부끄럽다'라거나 '직원들과 불화가 있긴 한데 드러내기 싫다'라는 이유로 핵심 정보를 숨기곤 한다. 하지만 그렇게 감춰봐야 결국 정확한 처방을 기대하기는 어렵다.

오히려 "우리 회사의 약점이 이것"이라고 솔직히 꺼내놓으면, 컨설턴트가 한층 정교한 솔루션(정책자금, 인증, 노무 정비 등)을 맞춤형으로 제공할 수 있다.

회사 내부자료를 미리 파일화해서 한꺼번에 제공해두면, 초기 진단만으로도 문제의 본질이 선명해져 시간과 비용을 크게 줄일 수 있다는 점을 기억하자.

2. 결정은 대표 몫, 컨설턴트는 대신해주지 않는다.

좋은 컨설턴트라면, 여러 대안을 놓고 '이 길이 좋겠다'라고 권유하겠지만, 최종 실행 여부는 결국 회사 대표가 스스로 결정해야 한다. 마치 '컨설턴트가 대신 경영해줄 것'이라고 착각하면 안 된다.

예를 들어 자금 문제를 해결하려고 A : 추가 대출, B : 투자 유치, C : 정책자금 지원 등 이런 전략안이 나온다고 해보자. '어느 쪽으로 갈지?' 최종 선택은 대표가 해야 한다.

가장 안 좋은 시나리오는, "음…. 좀 더 생각해볼게요"만 되풀이하며 회의 때마다 우유부단하게 결론을 미루는 경우다. 그러면 컨설턴트도 다음 단계를 진행하지 못하고 프로젝트가 지지부진해진다.

바로 이 결정 속도가 비용 대비 성과를 크게 좌우한다. 컨설턴트가 '중소벤처진흥공단 자금에 지금 도전하면 좋다'라고 말했을 때 "좋습니다, 바로 준비합시다"라고 화답해야 그 한 달 안에 서류를 제출하고 결과까지 볼 수 있지, '다음 회의에서 다시'라고 미루면 기회를 놓치기 일쑤다.

결국, 의사결정은 대표가 적극적으로 '가능/불가능, 지금/나중, A/B 중 선택'을 빠르게 해줘야 컨설팅의 장점을 최대한 살릴 수 있다.

3. 직원들도 함께 아는 게 중요하다.

대표와 컨설턴트가 만날 때마다 비밀스럽게 진행하면, 결국 현장에서 실제로 움직여줄 직원들이 의도를 잘 모른 채 거부감을 느끼거나, "이건 갑자기 무슨 지시냐"라는 반발이 나올 수 있다. 즉, 사내 실행이 뒤따르지 않으면, 컨설팅이 제안한 개선안은 책상머리 계획에 그치고 만다.

그러므로 정기 미팅을 통해 '이번에 노무체계를 정비하려 한다, 이유는 이러이러한 부분에서 문제가 있었기 때문'이라며 실무진에게 알리고 의견을 듣는 절차가 필수적이다. 직원으로서도 '컨설턴트가 바깥에서만 뭘 지시하는' 느낌이 아니라, '우리 회사 문제를 구체적으로 해결해주려는 외부 파트너'라고 인식하게 되면, 참여 의욕이 훨씬 커진다. 제안 제도나 사내 공지, 간단한 워크숍 등을 활용해 직원과 소통하면, 추진 속도도 빨라진다.

4. 모든 문제를 한 번에 다 잡으려다 오히려 다 놓칠 수 있다.

컨설팅을 시작하면, 자금·인증·노무·마케팅 등 각종 개선안이 우르르 쏟아질 수도 있다. 그중 '우리 회사에 지금 가장 중요한 문제'부터 해결하는 게 핵심이다. 예를 들어, '현금흐름이 심각'하면 자금 관련부터 진행하고, 그다음에 조직문화 개선, 마지막에 인증 작업을 차례차례 가져가는 식이다.

욕심을 부려 '한꺼번에 전부 해결해야지!'라며 여러 프로젝트를 병행하면, 대표로서도 관리하기 힘들고, 직원들 역시 갈팡질팡하게 된다.

결국, 이것저것 착수만 하고 끝까지 마무리된 건 없는 상태가 되기 쉽다. 그래서 '우선순위를 세우고 단계별로 작은 성공을 만들어가는' 방식을 추천한다. 이렇게 한 스텝씩 문제를 해소하다 보면, 대표와 직원 모두 '아, 컨설팅이 진짜 효과 있구나'를 체감하면서 의욕이 더 올라간다.

5. 한두 달로 끝난다고 생각 말고,
지속적 파트너십을 염두에 두자.

컨설팅을 통해 어느 정도 문제가 해결되었다고 해서, '이제 다 끝났네'하고 손을 털면 새로운 문제가 발생했을 때 다시 허둥댈 가능성이 크다. 사실 기업 경영은 상시적인 변화와 도전으로 가득하기에, '문제를 해결해줄 사람'이 아니라, '성장 과정에서 꾸준히 함께 갈 파트너'라는 마인드로 접근하는 것이 현명하다.

예컨대 계약 기간이 끝난 뒤에도, 2~3개월에 한 번씩 사후 모니터링을 받거나, 새로운 프로젝트(해외 판로, 추가 자금 등)가 필요할 때 다시 컨설팅을 요청하면, 회사는 훨씬 안정적으로 발전하게 된다.

'단발성 이벤트'로 접근하면, 그 순간만 반짝 개선하고 다시 원상태로 돌아갈 수 있으므로, 처음부터 장기적으로 함께 가는 전략을 세워두면 좋다.

전문가와 함께 회사의 미래를 설계하는 길

결국, 컨설팅을 성공적으로 활용하기 위해서는 대표가 먼저 마음가짐과 실무 준비를 제대로 해야 한다.

- 회사 내부 자료를 솔직히 공개한다.
- 결정할 때는 과감히 결단을 내린다.
- 직원들과도 적극적으로 소통해 실천력을 확보한다.
- 욕심부리지 말고 단계별로 문제를 해결해간다.
- 장기 파트너로 관계를 이어나갈 준비를 해둔다.

이렇게 한다면 컨설턴트가 제안하는 모든 솔루션의 파급효과가 배가될 것이다. '대표 혼자 고군분투' 하는 것이 아니라, 전문가와 함께 회사의 미래를 설계하는 길. 이 다섯 가지를 지키면, 그 길이 훨씬 쉽고 빠르게 열릴 것이다.

첫 번째 관문 :
정책자금 & 인증

#1

대표님,
이 서류가 부족했어요

박선우 경영지도사와 컨설팅팀이 회사에 상주하기 시작한 지도 어느 덧 한 달 가까이 되어가던 무렵, 김정우 대표에게 한 통의 메시지가 도 착했다. '대표님, 오늘 안으로 꼭 확인해야 할 서류가 있습니다.' 보낸 이는 재무·자금 담당인 류성민 팀원이었다. 정책자금 신청이 막바지 단계에 다다르자 본격적으로 챙겨야 할 서류들이 늘어난 것이다.

김 대표는 점심시간이 되자마자 사무실 한편 회의 테이블에 앉았다. 그리곤 류 팀원을 비롯한 경리 서은영 과장과 함께 산더미 같은 문서를 훑어보기 시작했다. 여기에는 회사 재무제표, 납세 증명서, 신용등급 조 회서 등등 대표가 알긴 알아도 정확한 양식까지 몰라 놓치기 쉬운 것들 이 대거 포함되어 있었다.

"대표님, 이 부분 보시면요."

류 팀원이 초점을 맞춘 건 최근 3년 치 재무제표였다. "이 서류만 제출하면 된다고 생각하기 쉬운데, 사실 정책자금 기관이 좋아하는 재무제표가 따로 있어요. 부채비율, 자본금, 순이익률 등 사전에 준비할 것들이 많아요."

김 대표는 짧은 탄식을 뱉으며, 재무제표 양식이 든 파일을 뒤적였다. "작년에도 비슷한 지원사업을 신청하려다, 이것 말고도 복잡한 서류가 너무 많아서 결국 포기했었지요. 또 놓칠 뻔했네요."

옆에서 서 과장이 힘겹게 웃었다. "그땐 우리 둘이 어떻게든 해보려고 밤새 서류를 만들었지만, 놓친 부분이 있어서 반려되었잖아요. 그 뒤로는 다시 엄두가 안 났고요."

류 팀원이 고개를 끄덕였다. "대표님이 혼자서 하셨으면 정말 쉽지 않으셨을 거예요. 사실 정책자금 신청은 '어떤 서류가 필요한지' 확실히 아는 것이 반이나 다름없지요. 그런데 오늘 보니까, 이 서류도 빠졌더라고요."

그가 테이블 위로 슬며시 내민 건 '사업계획서 보완'이라는 문서였다. 김 대표는 해당 문서를 확인해보더니 눈이 커졌다.

"아, 이거 예전에도 준비하려다 말았던 건데…."

한숨을 길게 뱉는 그의 목소리에, 박 경영지도사가 근처에서 다가왔다. 이미 김 대표의 곤란해하는 표정을 눈치챈 듯 보였다. "대표님, 걱정하지 마세요. 사업계획서 핵심 내용은 그동안 논의했던 걸 토대로 쉽게 쓸 수 있어요. 중요한 건 제출 형식이 기관마다 조금씩 다르다는 점이지요. 류성민 팀원이 벌써 포맷을 만들어뒀습니다."

김 대표는 서류 한 장 한 장을 넘기며 고개를 끄덕였다. "이건 우리가 맨 처음 컨설팅 계약 맺을 때 만들었던 가칭 '전략 요약본'과 비슷하네요."

박 경영지도사는 "맞습니다. 그때 만들었던 요약본을 조금만 가공하면 되니 금방 끝날 거예요. 대표님과 회사의 비전을 어떻게 쓰느냐가 관건이에요, 이미 자금 담당 스태프들과 이야기했으니 문제없을 겁니다"라며 안심을 시켰다.

그러자 서 과장이 한꺼번에 두툼한 파일들을 꺼내놓으며 "이건 직원현황 자료, 이건 원자재 구매·공정 원가 분석 자료…. 다 같이 넣어야하지요?"라고 물었다. 류 팀원은 파일을 넘겨받고는 꼼꼼히 확인했다.

"네, 이 부분도 빠질 수 없어요. 특히 원자재 구매 증빙서류는 결제내역과 같이 첨부해야 해요. 그동안 제대로 정리 못 하셨을 텐데, 제가 목록 만들어놨으니 하나씩 체크하지요."

바로 그때, 박 경영지도사 옆에 있던 마케팅·인증 담당 홍수정 컨설턴트가 조심스럽게 끼어들었다.

"대표님, 그리고 인증 준비 쪽도 곧 접어들게 될 텐데, 이노비즈나 메인 비즈 인증 서류 역시 일부는 정책자금 신청과 겹치는 부분이 있어요. 한 번에 같이 진행하면 더 효율적이긴 한데, 괜찮으실까요?"

인증 이야기가 나오자 김 대표는 순간 난처한 표정을 지었다. 그도 인증 취득의 중요성을 알고 있었지만, 이 많은 서류에 인증 절차까지 겹치면 더 복잡해질까 봐 부담이 컸던 게 사실이었다.

그런데 홍 컨설턴트는 "지금 정책자금 신청하면서 여러 서류를 준비하면, 나중에 인증 신청할 때 대부분 활용 가능할 겁니다"라고 덧붙였다. "미루면 결국 두 번 작업해야 하니까, 차라리 지금 기본 자료를 같이 준비해두면 어떨까요?"

김 대표는 머리를 긁적이며 "음…. 그래도 일이 너무 몰리는 건 아닐지"라며 걱정했지만, 옆에서 류 팀원이 다시 힘을 실었다. "대표님, 요즘 회사가 발전하려면 자금도 필요하고, 인증도 필요하잖아요. 저희가 나눠서 작업할 테니까, 대표님은 의사결정만 해주시면 됩니다."

결국, 김 대표는 예전 같았으면 한 번에 처리하길 두려워했을 텐데, 이번에는 "알겠습니다. 그럼 이렇게 합시다. 정책자금 서류에 맞춰 기본 자료를 준비하고, 동시에 인증에 필요한 기초 자료도 추려볼게요"라고 결심했다. 예전과 달리 '이번에는 놓치지 말자'라는 다짐이 강했다.

한참 서류를 검토하느라 시간 가는 줄 모르다가, 서 과장이 문득 이렇게 말했다. "근데, 대표님. 이런 걸 다 챙기고도 예전에 탈락한 적 있잖아요. '서류가 부족하다'라고…. 그때 저희가 놓쳤던 게 뭐였지요?"

김 대표는 회상에 잠긴 듯 표정을 굳혔다. 몇 해 전, 제대로 알아보지도 못한 채 신청했다가 어설프게 서류를 냈고, 기관 측에서 "매출 구조 설명이 불명확하고, 회사 비전이 불투명하다"라며 바로 반려했던 기억이 떠올랐다.

"맞아요. 아무리 서류가 많아도, 핵심을 못 담으면 의미가 없겠지요.

그래서 이번에는 실제 심사에서 어떤 점을 물어볼지 미리 대비해야 할 것 같아요."

박 경영지도사는 책상 위에 노트북을 펼치며 "그래서 저희가 Q&A 를 만들어놨습니다. 심사관들이 자주 묻는 질문을 리스트업 해뒀어요. 대표님 인터뷰 때 당황하지 않으려면, 다음 주에 리허설을 같이 해보면 좋을 것 같아요"라고 제안했다. 김 대표는 "정말 감사합니다. 저 혼자 였으면 엄두가 안 났을 거예요"라며 안도의 한숨을 내쉬었다.

그 순간, 전화벨이 울렸다. 경리 부서 쪽 내선 전화였고, 서 과장이 곧바로 받았다. "아, 네. 잠시만요." 그녀는 수화기를 살짝 멀리하며 김 대표에게 "거래처에서 문서 요청이 왔는데, 대표님 곧 확인하셔야 한대 요"라고 조심스레 전했다.

김 대표는 슬쩍 시계를 봤다. 벌써 점심시간이 훌쩍 지나, 오후 일과 가 시작될 참이었다. 여전히 챙겨야 할 서류가 잔뜩 남아 있었다. 그래 도 이제 혼자가 아닌 팀이 함께 움직이니 이번 기회를 절대 놓치지 않 을 수 있다고 믿었다.

"오늘 오후에 처리할 업무가 좀 있긴 하지만, 이 정책자금 서류부터 마무리하지요. 그리고 홍 컨설턴트님 말씀대로 인증 쪽도 조금씩 준비 에 들어갈게요."

그가 결심하듯 말하자, 서 과장은 "네, 대표님. 밀린 일들도 우선순위 만 잡으면 괜찮을 것 같아요"라며 반색했다. 류 팀원과 홍 컨설턴트 역 시 흐뭇한 표정으로 고개를 끄덕였다.

그렇게 회사는 정책자금 신청과 인증 준비를 동시에 착수하게 되었다. 몇 년 전만 해도 '복잡하다'라며 지레 겁을 먹고 포기했지만, 이제는 체계적인 지원과 함께라면 무리 없이 해낼 수 있으리란 믿음이 서서히 자리 잡았다. 김 대표는 이번에는 결코 발길을 돌리지 않겠다는 의지를 굳혔다.

'첫 번째 관문도 무사히 넘겨야 다음 단계로 갈 수 있지.'

그는 파일을 단단히 쥐고 자리에서 일어섰다. 무엇을 더 준비해야 하는지 이제 확실히 알았고, 팀원들도 그를 믿고 있었다. 다만 마감 시일이 코앞이라 서둘러야 했다. 그래도 마음 한구석은 묘하게 든든했다. 이전과 달리, 이번에는 서류 하나하나를 놓치지 않을 자신이 있었다.

#2

심사 면담 D-Day

정책자금 신청의 마지막 관문인 심사 면담 날짜가 잡히자, 회사 전체가 작은 긴장감에 휩싸였다. 마치 중요한 시험을 치르려는 수험생처럼, 김정우 대표와 팀원들은 준비한 서류와 발표 자료를 다시 한번 점검하고 있었다.

"대표님, 자금 심사위원들이 보통 물어보는 게 세 가지쯤 됩니다."

재무 담당 류성민 팀원은 회의실 테이블에 앉아 전날 만든 간단한 상담 Q&A 리스트를 펴놓았다.

1. 회사 비전 : "이 회사는 왜 돈이 필요한가?"
2. 재무 안정성 : "현재 어떤 위험 요소가 있고, 자금 투입 후 얼마나 개선될 것인가?"
3. 대표의 의지 : "이 대표가 진짜 사업을 키우려는 열정과 실행력을 갖고 있는가?"

심사위원들은 여러 자료를 받아보지만, 결국 이 세 가지 항목에서 한 기업의 가능성을 가늠한다는 게 류 팀원의 설명이었다. 김 대표는 지난 며칠 동안 자료를 꿰차듯 복습했지만, 막상 D-Day가 되니 입이 바짝 마르는 기분이었다.

"어제까지는 괜찮았는데, 오늘은 엄청나게 떨리네요."

김 대표는 회의실 안을 두리번거리며 말끝을 흐렸다. 옆에서 박선우 경영지도사가 "잘 준비하셨으니 괜찮을 겁니다. 필요 서류도 다 정리됐고, 대표님이 회사를 가장 잘 설명할 수 있잖아요"라고 부드럽게 격려했다. 사실 김 대표도 자료 준비는 철저히 했다. 여러 번 탈락 경험이 있던 터라 '이번에도 또 어긋나면 어떡하지!' 하는 불안감이 들었을 뿐이었다.

오전 10시쯤, 김 대표와 류 팀원은 제법 차려입은 옷차림으로 회사를 나섰다. 심사 면담 장소는 시내 공공기관 건물 5층 회의실. 차 안에서 류 팀원이 면담 예상 질문들을 다시 한번 읊어주었다.

- "회사가 이번 자금을 어떻게 사용할 계획인가요?"
- "과거 재무 성과가 들쑥날쑥한데, 그 원인은 무엇이었나요?"
- "현재 생산하는 제품이 어떤 차별성이 있나요?"

김 대표는 운전대를 잡고 있으면서도, 머릿속에서 답변 시뮬레이션을 돌렸다. "정말 별거 아닌 것 같은데, 막상 가면 심사위원들 앞에서 버벅댈까 봐 걱정되네요." 류 팀원은 "하실 수 있습니다. 회사 대표로서 '우리 회사가 앞으로 어떤 비전을 가지고 있나' 자신감 있게 말씀하시면 됩니다"라고 다시 안심시켜주었다.

약 30분 뒤, 건물 주차장에 도착하자마자 심장이 두근거렸다. 김 대표와 류 팀원은 미리 안내받은 5층 면담실로 향했다. 복도를 따라 걸어가는데, 비슷한 처지인 듯 보이는 다른 업체 대표들이나 직원들이 조금 긴장한 표정으로 서류를 들고 서 있었다. 김 대표는 "다들 우리처럼 간절하겠지…"라며 속으로 생각했다.

"○○기업 김정우 대표님, 들어오시지요."

접수 담당의 호출에 두 사람이 자리에서 일어섰다. 그리고 유리문을 열고 면담실 안으로 들어갔다. 기다란 테이블 너머에는 세 명의 심사위원이 앉아 있었고, 한 명은 노트북, 다른 한 명은 서류 파일을 펼쳐놓고 있었다. 환한 조명이 내려앉은 실내는 차분했다.

"안녕하세요. 저는 ○○기업, 김정우 대표라고 합니다."

김 대표가 짧게 인사하며 명함을 건넸다. 심사위원들은 미소 섞인 표정으로 "네, 반갑습니다. 사업계획서 잘 봤어요"라며 첫인사를 건넸다.

이윽고 면담이 시작되자, 예상 질문들이 하나둘 쏟아졌다.

"최근 매출이 줄었다고 명시되어 있던데, 그 원인은 무엇이고 어떻게 극복하시려 합니까?"

"자금을 지원받으면 가장 먼저 어디에 투자할 계획인지, 구체적으로 말씀해주시겠어요?"

"대표님이 언급하신 인증(ISO, 이노비즈 등)은 언제쯤 취득하는 것이 목표인가요?"

김 대표는 준비한 내용을 바탕으로 차분히 대답했다. 예전 같았으면 "음…, 저희가…"하며 더듬거렸을 텐데, 이번에는 "재무 구조 개선과 공장 효율화를 위해 기계를 재배치할 예정입니다", "노무제도도 대폭 정비 중이고, 그 결과를 자세히 살펴 생산성을 높일 계획입니다"처럼 그간 컨설팅팀과 논의했던 구체적 실행안을 풀어냈다. 심사위원들이 고개를 끄덕이며 메모하는 모습이 보였고, 한 위원은 "생각보다 준비가 잘 되셨네요"라며 호감 어린 반응을 드러냈다.

또 다른 대답에서는 "현재 회사가 노무제도 개선을 진행 중입니다. 공정라인도 재설계해서 시범 운영해보고 있습니다. 여기에 자금이 투입되면 매출·이익률이 어느 정도 상승할 것으로 예측합니다"라는 식으로, 숫자를 들어 구체적 수치를 제시했다. 심사위원들은 "확실히 수치가 명확하면 평가하기 좋지요"라며 표정을 한결 편안히 풀었다.

질문 답변이 15분쯤 지나자, 한 심사위원이 조금 어려운 요구사항을 꺼냈다.

"말씀하신 대로라면, 지원받은 자금을 바로 설비나 조직 개선에 투입해 결과를 볼 수 있을 텐데, 혹시 1년 뒤 상황도 예측해보셨나요? 지원금 활용 후 어느 정도 성장을 예상하시나요?"

김 대표는 잠시 머뭇머뭇하다가, 준비된 자료 파일을 꺼내 들었다. "이 부분도 시뮬레이션해본 게 있습니다." 그리고 매출과 이익이 얼마나 늘 가능성이 있는지 그래프를 인쇄해둔 보충 서류를 제시했다.

"물론 예측치는 그대로 실현되지 않을 수도 있겠지만, 현재 전문가와 함께 공정 효율화 및 신제품 라인 확대를 병행할 계획입니다."

심사위원들은 서류를 검토하며 몇 가지 추가 질문을 던졌고, 김 대표는 최대한 성의 있게 답변했다. 다행히 '지금은 컨설팅팀과 협업 중이다'라는 점이 심사위원들에게 꽤 긍정적으로 보였던 모양이었다. 한 위원은 "중소기업이 전문 컨설팅을 받고 있다는 건 대단히 바람직해요. 혼자 뛰는 것보다 훨씬 안정성이 있지요"라고 말하기까지 했다.

김 대표는 그 말에 내심 안도하며, "맞습니다. 저희도 이번에 제대로 전문가 도움을 받아서 실현 가능성을 높이고 있습니다"라고 확신에 찬 목소리로 답했다. 이전에 실패했던 지원금 신청 면담에서 '아마추어'처럼 허둥대던 모습과는 달리, 지금은 준비된 사업계획과 실행 전략을 자신 있게 내놓을 수 있게 된 것이다.

10분 정도 질문이 더 이어진 뒤, 심사위원 중 한 명이 "더 궁금한 건 없네요"라고 말하자, 면담은 막바지로 접어들었다. 마지막으로 김 대표가 "좋은 결과 기다리겠습니다"라며 깍듯이 인사했고, 심사위원들은 "수고하셨습니다. 내부 심사 후 연락드릴게요"라는 관례적인 인사를 건넸다.

문밖으로 나오니 어느새 시계가 11시를 넘어서 있었다. 기다리고 있던 박 경영지도사가 김 대표의 표정을 살피며 "어떠셨어요? 생각보다 잘하셨겠지요?" 하고 물었다. 김 대표는 긴 한숨을 내쉬면서도, 살짝 올라간 입꼬리를 숨기지 못했다.

"저도 모르게 긴장했는데, 다행히 그리 어렵진 않았어요. 꽤 준비가 잘 됐던 것 같아요. 덕분이지요."

김 대표가 예전 같으면 제대로 설명 못 했을 법한 부분도, 컨설팅팀이 마련해준 Q&A와 실행 플랜 덕분에 차분히 전달할 수 있었다.

결과가 바로 나오진 않았지만, 세 사람 모두 희망적이었다. 면담이 끝났다는 사실만으로도 큰 짐을 내려놓은 느낌이었다. 김 대표는 복도를 나가며 작은 목소리로 중얼거렸다.

"이제 기다려봐야지요. 이번에는 꼭 좋은 결과가 나왔으면 좋겠네요."

박 경영지도사와 류 팀원은 그런 김 대표를 보며 "이미 할 수 있는 건 다 하셨으니, 좋은 소식이 올 겁니다"라고 힘주어 말했다. 지난 며칠간 총력을 다한 서류 보완과 심사 리허설, 그리고 면담장에서의 실전 대응까지, 어느 것 하나 소홀히 하지 않았으니 그만큼 결과도 따라줄 거라고 믿고 싶었다.

그렇게 심사 면담은, 김 대표 인생에서 가장 치밀하고 체계적인 준비 과정을 거친 행사로 마무리되었다. 예전의 '자료 부족'이나 '두루뭉술한 계획'에서 탈피해, '회사 비전과 실행 전략'을 명확히 피력했으니 결과가 어떻든 적어도 이번에는 후회가 없다는 점이 김 대표를 한결 편안하게 만들었다. 앞으로도 비슷한 도전이 있을 때, 오늘의 경험이 큰 밑거름이 되어줄 것이 분명했다.

#3

인증 절차,
하나씩 깨기

정책자금 심사 면담을 치른 지 며칠 후, 김정우 대표는 사무실 한편에 놓인 새 화이트보드를 바라보고 있었다. 그 위에는 ISO, 이노비즈, 벤처기업 확인, 메인 비즈 등의 단어가 큼지막하게 적혀 있었고, 각 단어 아래에 필요 서류와 절차가 요약되어 있었다. 이제부터는 단순히 자금을 확보하는 것에서 한 걸음 더 나아가, 회사를 한층 더 공고히 만들어줄 인증 취득에 본격적으로 도전하기로 한 것이다.

컨설팅팀 내에서 홍수정 컨설턴트가 인증과 마케팅 전략 쪽을 맡고 있었는데, 처음에 김 대표는 '인증 한두 개만 받아도 충분하지 않을까?' 하는 막연한 생각을 했다. 하지만 홍 컨설턴트는 "대표님, 사실 인증 종류가 굉장히 다양하긴 해요. 문제는 회사 상황에 맞춰 우선순위를 잡아 하나씩 확보해야 한다는 겁니다"라고 조언했다. 실제로 서류 작업부터 심사까지 생각보다 공수가 많이 들었고, 잘 준비하지 않으면 중간에 놓치기 쉬웠다.

"그럼 일단 ISO부터 시작해야겠지요? 제품 공정 관련 국제 표준 인증이라···. 그래도 대표적인 기본 인증이잖아요."

김 대표가 어느 정도 확신을 하고 묻자, 홍 컨설턴트는 고개를 끄덕였다.

"네, ISO 9001을 예로 들면, 품질 관리 체계를 제대로 갖추고 있다는 걸 공식적으로 인정받는 셈이지요. 제조기업 이미지 제고는 물론, 거래처와 정부 지원사업에도 유리해져요. 회사가 품질 관리 매뉴얼이나 문서를 얼마나 체계적으로 갖췄느냐가 관건입니다."

김 대표가 곁눈질로 보니, 화이트보드 아래쪽에 '서류 준비 목록'이라는 항목이 적혀 있었다. 품질 매뉴얼, 공정 절차 문서, 관리 담당자 지정 등 얼핏 봐도 손이 많이 갈 것 같았다. "이걸 또 언제 다 챙기나?"싶었지만, 박선우 경영지도사의 곁에서 "걱정하지 말라"며 미소 지었다.

"재무·인사 자료 정리하던 걸 조금만 응용하면 됩니다. 우리 공장라인과 생산 공정 흐름을 이미 최규현 팀원이 정리 중이잖아요. 거기에 품질 관리 매뉴얼 형식만 더하면 됩니다."

홍 컨설턴트도 맞장구쳤다. "이미 회사가 전반적으로 '문서화' 작업 중이라서, 이번에 ISO 맞춤형으로 조정만 하면 됩니다. 원래는 바닥부터 해야 하는데, 대표님이 컨설팅을 병행 중이니 훨씬 빠를 거예요."

그러자 김 대표는 안도의 한숨을 내쉬었다. 예전에는 ISO를 따려면 수개월에 걸쳐 산더미 같은 서류를 새로 작성해야 한다고 들었기 때문에 엄두조차 못 냈다. "그렇다면 시도해볼 만하겠네요. 그래도 적어도 두세 달 이상은 준비해야겠지요?"라며 시선을 홍 컨설턴트에게 돌렸다. 홍 컨설턴트는 "그렇지요. 심사 일정도 잡아야 하고, 미리 내부 감사(모의 심사) 비슷한 작업도 해봐야 해요. 그 과정에서 직원들이 품질 매뉴얼대로 움직이고 있는지 확인해야 하고요"라고 설명했다.

김 대표가 "직원들이 얼마나 협조해줄지…"라며 망설이자, 노무·인사 담당 이서윤 컨설턴트가 웃으며 답했다. "이미 주간 미팅에서 어느 정도 공동 작업에 익숙해졌잖아요. ISO 인증이 단순히 '서류만 만드는 일'이 아니라, 사내 공정과 품질 관리를 다듬는 과정이 될 테니, 현장 직원들도 동참하게 되면 의외로 잘 굴러갈 거예요."

이번에는 이노비즈(기술혁신형 중소기업 인증) 이야기도 나왔다. 김 대표는 '우리 회사가 R&D 전문기업도 아닌데 이노비즈까지 가능한가?' 하는 의구심을 내비쳤다. 그때 홍 컨설턴트가 자료를 펼쳐 보이며 "정부가 요즘 제조업의 기술혁신 역량을 폭넓게 인정해주는 추세라, 대표님 회사도 가능성이 충분합니다. 공정 개선, 신기술 도입, 생산성 혁신 등 다양한 면을 어필할 수 있어요"라고 설명했다. 반신반의하던 김 대표는 "우리도 공정 자동화라든지, 스마트공장 지원이라든지 고민해본 적 있으니, 그런 쪽까지 연결하면 가능하겠네요"라며 점차 고개를 끄덕였다.

"중요한 건 한꺼번에 다 하려들지 말고, 차근차근 하나씩 만들어나가는 것이지요."
홍 컨설턴트는 이렇게 못 박았다. 자칫 욕심부려 ISO, 이노비즈, 벤처기업 인증을 동시에 진행하다가, 다 놓칠 위험도 있기 때문이었다. "정책자금 심사도 방금 치렀는데, 서류 업무가 겹치다 보면 또 정신없어지잖아요."

김 대표도 "맞아요, 정책자금만 해도 얼마나 서류가 많았는데…. 한 번에 몰아서 하다간 다 놓칠 수도 있겠네요"라고 공감했다.

그래서 결정된 우선순위는 다음과 같다.
1. ISO 9001(품질관리)
2. 이노비즈(기술혁신형 중소기업)
3. 벤처기업 인증 등 필요시 추가

회의실에서 이런 우선순위를 확정하고 나자, 박 경영지도사가 "좋습니다. 당장 ISO 준비부터 세부 일정을 만들어볼까요?"라며 파일을 꺼냈다. "먼저 사내 품질 담당자 지정이 필요한데, 누가 적임자일까요?"라는 질문에, 김 대표는 망설이다가 오래된 직원 최석현 과장을 떠올렸다. 공장 상황을 가장 잘 알고 있는 데다, 생산 지식도 풍부해서 서류상으로나 실무상으로나 큰 도움이 될 수 있었다.

이어진 논의에서, 홍 컨설턴트가 김 대표에게 "품질팀이라고 명명할 만한 소규모 TF를 만들면 어떠세요?"라고 제안하자, 김 대표는 "그럼 최석현 과장과 박지연 씨, 그리고 공정 담당 최규현 팀원까지 합류하면 되겠네요"라고 아이디어를 냈다. '신구 조합'이면서도 컨설팅팀이 옆에서 보조하는 형태였다. 모두가 동시에 고개를 끄덕이며 의견 일치를 봤다.

한두 시간 동안의 회의 끝에, ISO 9001 취득 로드맵이 대략 잡혔다.

몇 달 이내에 사내 매뉴얼 정비, 내부 심사(모의 점검), 인증 심사 신청순으로 이어지는 계획이었다. 김 대표는 복잡하면서도 뿌듯한 기분이었다. "드디어 우리도 이걸 한다고 말할 수 있겠구나…"하고 생각하니, 언젠가 거래처나 바이어들 앞에서 '저희 ISO 인증받았습니다'라고 말하는 장면이 눈앞에 어른거렸다.

회의가 끝나고 나서 서은영 과장이 조용히 다가와 물었다.
"대표님, 이거 하다 보면 또 서류가 어마어마하게 쌓일 텐데, 감당 가능할까요…?"
김 대표는 살짝 웃으며 "모르겠어요. 사실 예전 같으면 벌써 질렸을 텐데, 이번에는 아예 회사 체질을 바꾼다는 마음으로 해보려 해요. 게다가 팀원들이랑 나눠서 할 테니까 전보다는 수월하지 않을까요?"라고 답했다. 서 과장은 "그렇네요. 예전에는 저랑 대표님 둘이 밤새워도 못 끝냈었는데…"라며 옛 추억에 고개를 저었다.

'각종 인증'이라는 말만 들어도 과거에는 지레 겁을 먹었지만, 지금은 그런 태도가 많이 사그라들었다. 이미 정책자금 신청 과정에서 엄청난 서류를 준비해봤고, 컨설팅팀이 가이드해주는 흐름대로라면 웬만한 난관도 극복할 수 있겠다는 자신감이 붙은 탓이다. 김 대표는 '하나씩 깨기'라는 표현이 마음에 들었다. 처음부터 끝까지 혼자 하는 게 아니라, 회사를 체계적으로 바꿔나가면서 인증 취득까지 연결하는 과정이라면 의미도 클 테니 말이다.

그날 저녁, 김 대표는 늦게까지 남아 지난 회의록을 복습했다. 진지하게 ISO 인증과 이노비즈 취득 계획을 점검해보니 생각보다 해야 할 일이 많았지만, 동시에 회사가 한 단계 점프할 기회임을 다시금 깨달았다.

'우리가 제대로 준비하면, 경쟁사랑 차별화도 확실해질 거고, 내부 관리 수준도 올라가겠지.'

창밖을 흘끗 봤더니, 어느새 도시 불빛이 하나둘씩 꺼져가고 있었다. 예전처럼 혼자 서류를 붙잡고 막막해하지는 않았다. 컨설팅팀, 직원들, 그리고 이미 구축된 여러 자료가 든든한 버팀목이 되어주고 있었다.

'하나씩 깨나간다.'

김 대표는 그 문장에 다시 집중하며 노트에 밑줄을 그었다. 회사가 발전하려면, 그냥 눈앞의 매출만 좇는 게 아니라 근본적인 관리와 체계를 갖춰야 한다. 그것이 자금, 노무, 생산라인 정비와 마찬가지로 인증 취득에서도 동일하게 적용된다. 이 과정을 통해 직원들이 함께 배우고 성장한다면, 그게 바로 회사가 추구하는 진짜 이익이 아닐까.

"좋아, 이제부터 인증 문제도 본격적으로 달려보자고."

작게 중얼거린 그는, 기존에 쌓아둔 자료 파일에서 '품질 매뉴얼' 초안을 꺼내 들었다. 한때 만들다 만 문서지만, 이번에는 끝까지 완성해낼 것이다. 하나씩 깨나가며, 회사의 잠재력을 끄집어내야 할 때가 왔다.

#4

첫 성과,
작은 성공의 의미

정책자금 심사 면담을 본 지 열흘 정도가 지났을 무렵, 김정우 대표의 핸드폰에 낯선 번호가 뜨며 짧은 벨 소리가 울렸다. 대수롭지 않게 전화를 받았는데, 들려오는 목소리에 순간 심장이 두근거렸다.

"김 대표님 맞으시지요? 이곳은 ○○정책자금 담당부서입니다. 이번 지원금 심사 결과가 나와서 연락드렸습니다."

김 대표는 자기도 모르게 일어서며 크게 숨을 들이마셨다. 긴장된 마음으로 "네, 네…" 하며 상대를 기다리자, 담당자는 "축하드립니다. 대표님 회사가 이번에 자금 지원 대상 기업으로 선정됐습니다. 추후 서류 보완 절차를 안내해드릴 테니 일정 조율해주세요"라는 반가운 소식을 전했다.

순간 김 대표의 손에서 핸드폰이 미끄러질 뻔했다. 몇 해 전 실패와 좌절을 겪었기에, 이번에도 큰 기대를 하지 않았던 마음이 한 구

석에 있었는데, 막상 통보를 받자 기쁨보다는 얼떨떨함이 먼저 밀려
왔다.

"아, 감사합니다…! 아, 예예…. 네 알겠습니다!"

당황해서 횡설수설했지만, 상대 담당자는 익숙하다는 듯 웃음을 띤
목소리로 통화를 마쳤다. 결국, 김 대표는 "감사합니다, 다시 연락드릴
게요"라고 마무리한 뒤, 전화를 끊고서 한참을 멍하니 서 있었다.

"대표님, 무슨 일 있으세요?"

옥상으로 올라가는 복도 앞에서 김 대표의 표정을 지켜보던 직원이
물었고, 그는 뭔가 터질 것 같은 웃음과 안도의 감정을 억누르며 "아,
별거 아니야. 조금 있다가 말해줄게"라며 자리로 달려갔다. 그는 제일
먼저 누구에게 이 기쁜 소식을 전해야 할까 생각하니, 당연히 컨설팅팀
이 떠올랐다.

"드디어 해냈네요!"

사무실 한쪽 회의실에서 간단히 팀원들을 소집한 김 대표는 전화 내
용을 전했다.

- 정책자금 지원 대상 선정
- 추가 서류 보완 후 최종 확정 절차

박선우 경영지도사와 노무·재무 담당자 등 실무팀이 웃음을 지으며

한 목소리로 말했다.

"대표님, 애초부터 이렇게 될 가능성이 컸어요. 자료 준비도 충실했고, 면담도 깔끔하게 진행됐잖아요."

하지만 김 대표는 여전히 '과연 잘 될까?'라는 마음이 한편에 남아 있었기에, 이 결과가 너무나 새삼스럽게 느껴졌다.

"그래도 기쁩니다. 정말 감사합니다. 작년까지만 해도 이거 안 될 줄 알고 포기했었는데…."

김 대표는 울컥한 감정을 억누르며, "여러분 덕분에 가능했어요"라고 작게 고개를 숙였다. 류성민 팀원을 비롯한 컨설팅팀은 축하의 말과 함께 "이제부터가 시작이지요, 대표님!"이라고 말했다. 자금이 확보되면 생산라인 개선, 노무제도 강화, 인증 준비 등 여러 프로젝트에 숨통이 트일 것이고, 이것이 곧 회사의 체질을 바꾸는 과정으로 이어질 수 있었다.

"직원들도 같이 기뻐해야지요."

김 대표는 잠시 망설이다가, "직원들한테 이 소식 어떻게 전해야 할까요?"라고 물었다. 박 경영지도사는 "당연히 바로 알려주셔야지요. 모두가 함께 이 과정을 준비해왔으니까요"라고 답했다.

사실 김 대표는 과거에는 기업 대출이나 자금 지원 결과가 나오면, 대부분 혼자만 알고 넘어가거나 극히 일부 경영진만 공유하곤 했다.

그런 건 대표 혼자서 결정하고, 직원들은 그냥 결과에만 의존하면 된다고 생각해왔기 때문이다.

그러나 최근에는 회사 내부 소통을 적극적으로 해오면서, 김 대표도 '이런 좋은 성과를 알리고 같이 기뻐해야겠다'라는 마음이 들었다. 자금 지원 확보가 곧 직원들의 처우 개선, 공정 개선으로 이어질 것이니, 당연히 직원들도 그 의미를 알아야 했다.

그날 오후, 주간 회의가 열리기 직전 김 대표는 준비해둔 문장을 머릿속에서 되뇌었다. 평소와 같은 회의 분위기에서, 조심스레 이 좋은 소식을 공유했는데, 예상 밖의 환호가 터져 나왔다.

"우와, 드디어 자금 지원되는 거예요?"
"우리 회사가 해내긴 하네요!"

가까운 직원을 포함해 모두가 손뼉을 치며, "이렇게 뭔가 잘될 줄이야" 하는 반응을 보였다. 한 직원은 "저도 서류 검사할 때 조금씩 도왔는데, 뿌듯합니다!"라고 말해 김 대표를 뭉클하게 했다.

사실, 이 지원금 규모가 기업 전체를 뒤흔들 만큼 막대한 액수인 건 아니었다. 그래도 한동안 경색되었던 현금 흐름을 개선하고, 몇 가지 프로젝트에 투자할 여력이 되었다. 무엇보다 회사 전체가 '우린 이제 뭔가 해낼 수 있다'라는 긍정 에너지를 얻었다는 점이 큰 수확이었다.

김 대표는 "정말 우리가 포기하지 않고 단계별로 준비해오니, 이렇게 성과가 나오긴 하네"라며 혼잣말을 했다. 혼자서 막막할 땐 열 번 시도해도 실패했는데, 컨설팅팀과 함께 정보와 전략을 체계화하니 바로 한 번에 성공하는 모습은 그에게 더 큰 자신감을 부여했다. 직원들도 "대표님이랑 함께 밤새 서류 챙긴 보람이 있다"라며 곳곳에서 웃었다.

새로운 자금을 받으면 하고 싶었던 일들이 스치듯 지나갔다.

- 노무 제도 개선 : 주말 특근을 없애거나 줄이는 데 도움이 될 것이고, 직원 복지에도 조금씩 투자할 수 있을 것이다.
- 생산 공정 재배치 : 시범 적용 중인 라인을 확대해볼 기회가 될 것이다.
- 인증 취득 작업 : ISO나 이노비즈도 좀 더 안정적으로 추진 가능해진다.

김 대표는 '이제부터가 진짜 시작'이라는 걸 잘 알고 있었다. 무조건 돈만 들어온다고 해결되는 건 아니고, 이미 정해둔 로드맵대로 정확히 집행·개선해야 큰 효과를 볼 수 있다. 그런데도 얼굴에서 웃음이 떠나질 않았다. '아직 가야 할 길이 멀지만, 이번 일로 회사가 한 단계 올라선 느낌'이라는 생각을 계속 곱씹었다.

기분 좋은 건, 이 모든 과정을 대표 혼자만 이룬 게 아니라는 점이었다. 팀원들과 직원들이 각자의 자리에서 작게나마 기여해왔기에, 이 자금을 얻어낼 수 있었다. 대체로 대표만 전면에 나서는 경우가 많지만, 서류 준비부터 면담 시뮬레이션, 재무 전략 세우기까지 다 함께 참여하며 성과를 만들어낸 셈이다. 한 직원이 "제가 봐도 컨설팅팀과 우리가 진짜 합심했더군요. 이렇게 해낼 수 있었다니 신기해요"라고 말했을 때, 김 대표는 그 말 속에 모든 것이 담겨 있다고 느꼈다.

그날 저녁, 사무실을 둘러보니 곳곳에 피곤이 감도는 직원들의 얼굴에도 희미한 미소가 보였다. 야근이 잦아 다들 지쳤을 텐데도, 노고가 한 번에 보상받은 기분이 들어서인지 큰 불만 없이 묵묵히 자리를 지켰다. 김 대표는 "고맙습니다. 곧 조금 더 여유 생기면 복지도 더 좋아질 거예요"라며 한 명 한 명에게 작은 감사 인사를 전했다. 몇몇 직원은 "이번에 워크숍이라도 가지요!"라고 농담 반, 진담 반으로 제안했다.

'작은 성공이지만, 그 무게는 결코 작지 않다.'
김 대표가 느낀 감정의 요약이었다. 과거 같으면 자금을 확보했어도 '홀가분하다' 정도에서 끝났겠지만, 이제는 그 자금으로 회사를 어떻게 바꿀지, 직원들과 어떤 미래를 만들어갈지 구체적으로 그려보고 있었다. 실무팀도 마찬가지로, 축하 인사 뒤에 곧장 다음 단계 준비를 이야기하기 시작했다. 박 경영지도사가 "축하해요, 대표님. 바로 다음 주부터 설비 재배치 시범 구역을 확대해볼까요?"라고 제안해 김 대표가 "좋습니다!"라고 힘주어 대답하는 식이었다.

새로운 자금 유입이 곧장 회사의 체질 개선으로 이어지려면, 대표를 포함해 모두가 이 탄력을 놓치지 않아야 했다. 김 대표는 자신과 직원들에게 "이번 건을 발판 삼아, 못할 것 같았던 일도 하나씩 해내보자"라고 주문했다. 이제 첫 관문을 넘었다. 비록 큰 혁신의 시작일 뿐이지만, 이 작은 성공이 궁극적으로 '우리가 정말 할 수 있다'라는 메시지를 온 사무실에 퍼뜨린 셈이었다.

밤늦은 시간, 마지막으로 사무실 문을 잠그며 김 대표는 다시 한번 깊은 숨을 내쉬었다. 지난 시간의 고생과 포기에 대한 충동이 주마등처럼 지나갔다. 이번에는 끝까지 버텨서 해냈다는 안도와 뿌듯함이 동시에 밀려왔다. 이제 또 다른 문제들이 대기 중이겠지만, 일단 오늘은 조금 더 가벼운 발걸음으로 집에 돌아갈 수 있을 것 같았다.

'작지만 기분 좋은 성공. 이제 제대로 달려봐야지.'
그는 속으로 다짐을 되뇌었다. 그리고 내일 아침이면, 또 새로운 과제들이 그를 기다리고 있을 것이다.

#5

현장 스케치

그날 오전, 김정우 대표는 회의실에서 직원들을 소집했다. 이전과 달리 오늘은 분위기가 다소 밝았다. 정책자금이 승인된 소식을 전한 후, 회사 내 분위기도 바뀌었기 때문이다. 직원들이 자리에 앉자, 김 대표는 미소를 지으며 말했다.

"여러분, 드디어 숨통 좀 트일 것 같습니다."

김 대표의 말에 직원들은 잠시 당황한 듯했지만, 그가 이어서 말하자 분위기는 곧 풀렸다.

"정책자금 심사가 끝났고, 이제 자금이 확보되었어요. 그동안 미뤄왔던 중요한 프로젝트들, 이제 실현할 수 있습니다."

한동안 잠잠했던 회의실이 일순간 조용해졌고, 직원들은 고개를 돌리며 서로를 바라봤다. 김 대표는 잠시 기다리며 직원들의 반응을 살폈다. 처음에는 조용히 듣고 있던 직원들이었다. 김 대표의 말이 끝나자 조금씩 고개를 끄덕이며 입가에 미소가 번지기 시작했다.

"정말요? 이번에 정말 자금 지원받은 건가요?"

"그럼 이제 우리가 원하던 대로 공정 개선도, 직원 복지도 정비할 수 있겠네요?"

직원들 사이에서 속속 흘러나오는 말들에, 김 대표는 마음이 놓였다. 몇 주 전까지만 해도 불안감이 가득했던 얼굴들이 이제는 약간의 희망을 품고 있었다.

"그렇습니다. 이제 조금 더 여유가 생길 테니, 주말 특근도 줄일 수 있을 거고, 예전에 말했던 인증 절차도 본격적으로 시작할 수 있습니다. 뭐, 직원 여러분이 더 좋은 아이디어나 제안도 있으면 언제든지 말해주세요."

그때, 오래된 직원 최석현 과장이 살짝 고개를 들며 말했다.

"대표님이 이렇게 웃으시니까 회사가 달라 보이네요. 그동안은 정말 지쳐 보였는데, 오늘은 확실히 뭔가 바뀐 느낌이 듭니다."

김 대표는 웃으며 "그래도 아직 갈 길이 멉니다. 다만, 이 자금을 어떻게 쓰냐에 따라 회사가 크게 달라질 거니까 여러분의 협조가 중요합니다"라고 덧붙였다. 최 과장의 말은 직원들에게 큰 힘이 된 듯, 분위기는 한층 더 부드러워졌다.

이 말을 들은 박지연 씨는 살짝 수줍게 손을 들고는 말없이 고개를 끄덕였다. 김 대표는 그 모습을 보고, "박지연 씨, 무슨 생각 있으면 꼭 이야기해요. 모두가 함께 만드는 회사니까요"라고 격려했다.

"네, 대표님! 저도 정말 도움이 되도록 많이 노력할게요!"

박지연 씨는 그 말을 듣고 마음이 놓였는지 조금 더 자신감 있는 표정을 지었다. 사실 신입으로서 직장 생활을 시작한 지 얼마 되지 않았고, 무언가 중요한 결정을 내리는 것에는 항상 망설임이 있었다. 그러나 이제는 회사가 한 방향으로 나아가는 데 있어 자신도 조금씩 그 일원이 되어가고 있다는 것을 느끼기 시작했다.

직원들이 활기를 띠며 대화를 나누는 모습을 본 김 대표는 흐뭇하게 미소를 지었다. 그동안 너무나 바쁘게 돌아가던 회사에서 점점 직원들의 '목소리'가 들리기 시작했다는 점에서 큰 변화를 느꼈다. 직원들이 더 이상 그저 지시받고 일하는 존재가 아니었다. 함께 해결책을 찾고 나아가는 동료로서의 의식이 커지고 있는 것 같았다.

회의가 끝날 무렵, 서은영 과장이 다가와서 살짝 물었다.
"대표님, 이제 자금이 확보되면, 복지나 직원들의 근로 환경도 조금 바꿔보려고 하시지요?"
"네, 물론입니다. 복리후생 제도를 점검하고, 가능한 한 빨리 실행에 옮기겠습니다."
서 과장은 기쁜 표정을 지으며 고개를 끄덕였다. 회사가 조금씩 변해 가고 있다는 사실에, 자신도 더 적극적으로 참여하고 싶다는 의지가 느껴졌다. 다른 직원들도 비슷한 생각을 하고 있을 것이다. 김 대표는 직원들이 그동안 못 말했던 불만이나 아이디어를 꺼내게 되는 순간이 다가올 것 같다는 예감을 느꼈다.

"다시 말해, 지금부터 회사가 본격적으로 변화하는 시점입니다."
김 대표는 그렇게 자신에게도, 직원들에게도 다짐했다. 변화의 시작은 자금뿐만 아니라, 직원들의 자발적인 참여와 소통이 중요한 요소였다. 직원들의 아이디어를 적극적으로 반영하고, 그들이 제안하는 방식으로 회사의 작은 불편함을 하나씩 해결해가는 것이다.

하루를 마무리하며, 그는 이제부터 회사가 어떻게 달라질지를 진지하게 그려봤다. 예전에는 불투명하고 막연하게만 느껴졌던 변화가, 이제는 눈앞에 실현 가능한 목표로 다가오고 있었다. 직원들도 조금씩 변화에 동참하고 있다는 사실에 마음이 든든했다. 이제는 혼자서 고민하고 멈추는 것이 아니라, 모든 사람이 같은 방향을 향해 나아가고 있다는 기분이었다.

'이 길은 이제 우리가 함께 가는 길이다.'

그는 그렇게 혼자 속으로 다짐하며, 이 작은 변화의 시작을 기쁘게 받아들였다.

조직 관리 :
직원들의 열망

#1

오래된 직원 vs.
신입 직원, 갈등 폭발

어느 화창한 오후, 김정우 대표가 공장 부근에서 외부 미팅을 마치고 돌아오니, 사무실 내부 공기가 이상하게 가라앉아 있었다. 아무리 바빠도 점심시간만큼은 화기애애하게 보내던 직원들이, 어쩐지 서로 눈치를 보는 기색이었다. 시선을 맞추지도 않고 서류만 뒤적이는 모습이 심상치 않았다.

가장 먼저 눈에 띈 건 오래된 직원 최석현 과장과 신입 직원 박지연 씨의 얼굴이었다. 평소라면 밝게 "대표님 오셨어요?"하고 묻곤 했는데, 둘 다 굳은 표정으로 고개를 돌렸다. 김 대표는 불길한 예감이 들어 몰래 서은영 과장을 불러 속삭였다.

"무슨 일 있어요? 왜 다들 분위기가….''

서 과장은 당황한 기색으로 고개를 끄덕이며 "조금 전에 최 과장님과 박지연 씨가 말싸움을 했어요. 업무 분장 문제로 충돌이 생긴 것 같아요. 둘 다 언성이 높아졌는데, 현장 직원들도 그 소리를 들었어요"라고 말해주었다.

김 대표가 놀라 "아니, 지연 씨는 보통 순하고 조용하던데…?" 하자, 서 과장은 "그게요. 최 과장님이 꽤 강하게 말을 하셨나 봐요. '너 신입 주제에 왜 자꾸 나서서 이 일 저 일 간섭이냐'라는 식으로 쏘아붙였고, 지연 씨도 참다못해 '이건 제 일이라서 제가 직접 처리하려고 했다'라며 소리치고… 결국 주변에서 말려서 그쳤지만, 서로 기분이 아주 많이 상한 상태예요"라고 덧붙였다.

김 대표는 한숨을 내쉬었다. 컨설팅을 시작하면서 회사 내부 분위기가 좋아지긴 했지만, 직원들 간 갈등이 아예 사라지는 건 아니었다. 특히 세대 차이와 업무처리 방식 차이로 인한 충돌은 언제든 터질 가능성이 있었다. 바로 어제까지만 해도, 박지연 씨가 근무환경 개선 아이디어를 내서 현장 분위기가 좋아졌다는 이야기가 오갔는데, 그 사이 최 과장과 신입 직원의 정면충돌이라니.

잠시 뒤, 김 대표는 조용히 최 과장을 별도 공간으로 불렀다. "과장님, 잠깐 이야기 좀 할까요?" 하고 진지하게 물었다. 최 과장은 씁쓸한 표정으로 앉았다.

"대표님, 저도 감정적으로 대응하긴 했습니다. 박지연 씨가 자꾸 제 영역을 침범하려고 드니까 속상해서요. 원래 내가 담당하던 업무처리 방식이 있는데, 박지연 씨가 요즘 들어 자꾸 '이렇게 해보는 게 어떠냐' 라며 의견을 내놓잖아요. 근무 체계가 달라져야 한다느니, 공정 프로세스를 건드린다느니…. 제가 보기에는 너무 앞서가는 거 아닌가 싶었고,

그래서 한마디 했다가…."

최 과장은 언성을 낮췄지만, 속상한 마음이 여전히 느껴졌다. 그는 "저도 회사 잘되길 바라서 일해왔는데, 요즘은 '컨설팅받아서 바뀌는 게 좋다'라는 분위기가 확대되면서, 마치 옛 방식은 전부 무시하는 듯해서 기분이 나쁘다"라고 털어놓았다. 김 대표는 그의 심정을 이해하려 애쓰며 고개를 끄덕였다. 오래된 직원이 느낄 만한 자존심, 불안감이 섞여 있었다.

한편, 박지연 씨는 반대편에서 혼자 근심스러운 얼굴로 서류를 정리하고 있었다. 잠시 뒤 김 대표가 다가와 "잠깐 이야기 좀 할까요?"라며 손짓하자, 박지연 씨는 눈시울이 살짝 불거진 상태로 자리를 떴다. 그녀는 작은 목소리로 "대표님, 저도 일부러 나서서 갈등 만들고 싶지 않았어요. 그런데 최근 업무가 조금 겹치는 부분이 있어서, 제가 확인하려다가 과장님이 '왜 참견이냐'라고 강하게 말씀하시니까…, 저도 그만…"이라고 중얼거렸다.

박지연 씨는 계속해서 "전 그냥 제가 배운 방식대로 효율을 높여보려 한 거예요. 대표님도 직원들이 의견 적극적으로 내보라고 하셨고, 컨설팅팀도 '좋은 아이디어 있으면 언제든 말하라'라고 해서 그런 건데, 최 과장님이 그렇게 화내실 줄은 몰랐어요"라며 눈시울을 붉혔다. 회사가 한참 변화하는 시기에 자신도 도움이 되고 싶었는데, 신입 주제에 나선다는 평가를 받으니 큰 상처가 된 듯했다.

김 대표는 심각한 표정으로 상황을 종합했다. 중재를 서둘러야 했다. 컨설팅팀 노무 담당 이서윤 컨설턴트도 이미 이야기를 들은 듯, 사무실을 조용히 살피며 "갈등이 터졌네요. 노무 관련해서 저희가 면담을 주선해볼까요?"라며 의사를 비쳤다. 김 대표는 "좋아요. 당장 서로의 입장 차부터 풀어야 할 것 같아요"라고 승인했다.

얼마 뒤, 이 컨설턴트가 조용히 최 과장과 박지연 씨를 한 회의실로 불렀다. 처음에는 서로 마주 보기도 어색해했으나, 김 대표가 "이야기 들어보니 둘 다 회사 발전을 생각해서 한 일이더라고요. 잠깐 솔직하게 대화해보면 어떨까요?"라고 제안하자, 두 사람은 마지못한 표정으로 자리에 앉았다. 과거에는 대표가 '서로 알아서 해결해라'라고 했을 텐데, 이제는 노무 전문가가 중간에 서서 대화 흐름을 유도하는 형식이었다.

"과장님, 지연 씨가 어떤 점을 강조했는지 조금만 들어보시겠어요? 그리고 지연 씨도 과장님의 입장을 잠깐 이해해주시면 좋겠습니다"라는 이 컨설턴트의 말에, 둘은 처음에는 입술을 굳게 다물었지만, 서서히 그간 쌓였던 감정을 털어놓기 시작했다. 최 과장은 "나도 바뀌는 환경이 싫은 건 아닌데, 갑자기 내 업무처리 방식이 구시대적이라고 평가받는 느낌이 들었다"고 솔직히 밝혔고, 박지연 씨는 "제가 과장님을 무시한 게 아니라, 단지 더 나은 방법을 제안해보고 싶었는데, 표현이 미숙했던 것 같다"라고 눈물을 글썽이며 말했다.

그렇게 십여 분간 서로의 속내를 털어놓고 나니, 처음의 격앙된 분위기가 조금 풀어졌다. 김 대표도 "서로가 오해한 점이 있었다고 생각합니다. 회사가 빠르게 변하는 과정에서, 베테랑의 노하우도, 신입의 신선한 아이디어도 다 중요하잖아요. 한쪽만 받아들여서는 안 되고, 조율이 필요하겠지요"라고 부드럽게 말하며 화해를 이끌었다.

결국, 이날 갈등은 잘 해결될 수 있었다. 최 과장과 박지연 씨는 서로 약간 머쓱해 하면서도 "알겠습니다. 각자 일을 존중해볼게요"라며 서약 비슷한 대화를 나눴다. 이 컨설턴트는 "문제가 있으면 즉시 말하는 루트를 만들어둘 테니, 갈등이 쌓이지 않도록 하자"라고 제안했고, 두 사람 모두 고개를 끄덕였다. 회의실을 나올 때는 어색한 공기가 여전했다. 그래도 아침과 달리 폭발 직전의 갈등은 어느 정도 가라앉은 상태였다.

김 대표는 깊은 한숨을 내쉬며 사무실 문을 열고 나오면서, '조직 관리는 이렇게 계속 예민하게 신경 써야 하는 거구나…'라며 새삼 깨달았다. 변화의 시기에 세대 차이와 업무처리 방식 차이가 충돌하는 건 자연스러운 일일지도 모른다. 다만 과거라면 방치했을 법한데 이제는 컨설팅팀의 노무 담당이 중재하고, 회사가 적극적으로 갈등 해소를 하려는 모습이 달라진 점이었다.

'이게 결국 회사가 성장하는 과정이겠지.'

김 대표는 멀찌감치 보이는 최 과장과 박지연 씨가 어색하게나마 같이 서류를 나누어 보는 장면을 지켜봤다. 폭발적인 갈등이 사라지진 않았지만, 최소한 대화의 장이 열렸다는 사실에 안도했다. 그리고 마음속으로 다짐했다.

'노무·인사 관리가 정말 회사 운영의 핵심이구나. 이 부분을 제대로 잡아야 회사가 앞으로 더 큰 변화를 받아들일 수 있겠지.'

#2

노무 전문가의
정밀 진단

바로 전날, 오래된 직원과 신입 직원 간 갈등이 터졌다는 소식을 접한 노무 전문가 이서윤 컨설턴트는 이른 아침부터 회사 곳곳을 돌며 분위기를 살폈다. 노무 관점에서 사건 뒤에 깔린 조직문화를 파악하고, 근본적인 원인이 무엇인지 알아야 했기 때문이다.

김정우 대표는 그를 반기며 "어제 큰일 날 뻔했지요. 다행히 면담으로 가라앉히긴 했는데, 뿌리 깊은 문제들이 더 있을 것 같아 두렵습니다"라며 썩 편치 않은 표정을 지었다. 이 컨설턴트는 이미 면담 자리에서 핵심을 짚었지만, 더욱 종합적인 진단이 필요하다는 생각이었다.

이 컨설턴트는 먼저 사무실 한쪽에 있는 인사 관련 문서 캐비닛을 살펴봤다. 경리·행정 업무를 병행해온 서은영 과장이 함께 파일을 꺼내놓았다.

- 직원 근로계약서
- 각종 복리후생 서류
- 채용 시 제출 서류 등

종류도 다양했고, 표준형식이 일관되지 않아 어떤 것은 옛날 양식을 그대로 쓰고 있었다. 어떤 것은 최근에 새로 만든 양식으로 작성되어 있었다.

"대표님, 여기 근로계약서가 지난달에 도입된 서식이랑 옛날 거랑 섞여 있네요. 최 과장님 같은 오래된 직원은 10년 전에 쓴 계약서를 그대로 간직하고 있고요."

이 컨설턴트가 미간을 좁히며 말하자, 김 대표는 머쓱하게 웃었다. "설마 그게 큰 문제인가 싶었는데, 회사가 바빠서 업데이트를 못 했네요."

"큰 문제까지는 아니지만, 이렇게 방치되면 문제 소지가 큽니다. 변경된 임금 체계나 특근 규정도 실제 계약서에 반영되어 있어야 하는데, 어떤 직원은 옛 체계로 남아 있고 어떤 직원은 새 체계를 따르고 있으면 불평등 이슈가 생기거든요."

이 컨설턴트가 지적하자, 서은영 과장은 맞장구쳤다. "맞아요. 주말 특근 수당이 개선되긴 했는데, 어떤 직원은 '난 왜 아직도 옛날 기준이냐?'라고 질문하기도 하고요."

이 컨설턴트는 회사 안에서 근무 방식이나 임금, 승진, 복지 등에 대해 어떤 생각이 있는지 좀 더 구체적으로 조사하고 싶었다. 갈등이 벌어지기 전에 분위기를 감지했다면 좋았겠지만, 지금이라도 늦지 않다고 판단했다.

"일단 대표님, 하루 이틀 시간 내서 직원들을 짧게나마 일대일로 인터뷰해보는 것이 어때요? 꼭 갈등이 생겨야만 대처하는 건 늦잖아요."

김 대표는 처음에는 "과연 직원들이 편하게 말할까요?"라며 의구심을 보였지만, 컨설팅팀의 역할을 믿고 수락했다. "그래요, 지금이 제대로 체계 잡을 기회이기도 하니까요."

그렇게 이틀에 걸쳐, 직원 10여 명이 돌아가며 이 컨설턴트와 10~15분짜리 간단 면담을 진행했다. 부서별로도 차이가 있었고, 개인 성향별로도 다양한 의견이 터져 나왔다.

- "오래된 직원으로서 기존 방식을 무시당한다는 느낌이 들어요." (선임 직원)
- "업무 매뉴얼이 불분명해 누가 무엇을 해야 할지 헷갈립니다." (중견 직원)
- "아직 신입이라 잘 모른다고는 하지만, 좀 더 적극적으로 일하고 싶은데, 윗사람들이 견제하는 느낌?" (신입 직원)
- "주말 특근을 줄이려면 공정 개선도 중요하지만, 근태 체계를 재정비해야 해요. 관리자 승인 없이도 불필요하게 야근하는 경우가 많아요." (현장 담당)

이 컨설턴트는 한동안 이 메모들을 정리하며, 직원들이 느끼는 불편과 갈등이 생각보다 구조적이라고 진단했다. 근로계약서 업데이트, 명확한 직무기술서, 승진 기준 확립, 공정 스케줄링 등 노무 분야와 밀접한 이슈가 한꺼번에 얽혀 있었다.

이틀간 면담 내용을 토대로, 이 컨설턴트는 간단한 노무 진단표를 만들어 김 대표와 서 과장 앞에서 브리핑했다.

1. 근로계약 & 임금 체계
- 직원 간 계약서가 제각각이라, 통일된 계약서로 정비 필요
- 특근·야근 수당에 대해 최근 개선안을 일부 반영했지만, 장기근속 직원은 구버전 계약서를 그대로 적용

2. 인사제도 & 직무기술서
- 선임은 자신이 오랫동안 담당해온 일을 뺏길까 두려워하고, 신입은 자신이 뭘 책임지고 할 수 있는지 명확히 모르고 있음.
- 업무 매뉴얼이 모호해, 충돌과 중복 작업이 자주 발생

3. 승진·평가 시스템
- 누가 어떤 기준으로 승진되고, 어떤 성과 기준을 적용하는지 불투명. 신입·중견 모두 불안해함.

4. 조직문화 & 갈등 대응
- 회사가 바뀌는 건 좋지만, 직원들이 갑작스러운 변화에 적응하기 힘들어함. 대표가 중간중간 소통해야 하지만, 워낙 일정이 빡빡해 놓치고 있음.

- 갈등이 터지면 대표/팀장 한두 명이 진화에 나서는 식. 미리 예
  방할 장치가 없어 갈등이 커지기 쉬움.

결론적으로, 이 컨설턴트는 '근본적인 노무·인사 체계 정비가 시급
하다'라고 강조했다. "그냥 갈등이 생길 때마다 봉합하는 방식으로는
한계가 있어요. 아예 회사 '인사제도 매뉴얼'을 만들고, 근로계약·복
지·수당 시스템을 표준화해야 합니다."

김 대표가 고개를 끄덕이긴 했지만, 한편으로는 고민이 깊어졌다.
"정책자금도 받아서 생산라인 개선, 인증 준비 등 할 일이 많은데…. 노
무제도까지 대대적으로 손본다면, 부담이 커지진 않을까요?" 하고 묻
자, 이 컨설턴트는 오히려 '지금이 적기'라고 답했다.

"회사가 빠르게 변화하는 시점이지요. 자금도 확보했고, 공정 개선과
인증 절차에 맞춰 내부 문서화 작업을 해가야 하잖아요. 그 과정에 인
사·노무 제도 정비도 포함하면 시너지 효과가 납니다. 예를 들어, ISO
준비하면서 직원들이 무슨 일을 하고, 어떤 절차로 보고하는지 다 정리
해야 해요. 그때 직무기술서도 만들고, 근로계약서 최신화도 같이 해버
리는 겁니다."

듣고 보니 일리가 있었다. 오래된 직원, 신입 갈등은 한 단면일 뿐이
다. 그 이면에는 회사가 줄곧 방치해온 구조적 문제들이 도사리고 있었
다. 이제 이 기회에 전반적 제도를 업그레이드하면, 앞으로 더 커질 수
있는 갈등 요소를 미리 잡을 수도 있었다.

김 대표는 한숨을 길게 내쉰 뒤, 결심한 듯 고개를 들어 말했다. "좋아요. 힘들어도 한 번에 바꾸지요. 인사제도는…. 생각해보면 저도 직원들한테 뭐가 기준이고, 누가 어떤 일을 맡아야 한다고 명확히 설명한 적이 없어요. 이참에 노무 문제 확실히 정비해봅시다."

옆에 있던 서 과장도 "이번에 계약서까지 전부 갈아엎어야겠어요. 직원별로 제각각이어서 저도 헷갈리는 부분이 많았는데…"하고 의지를 보였다. 이 컨설턴트는 미소 지었다.

"잘 결정하셨습니다. 그럼 제가 필요 자료를 정리하고, 다음 주에 직원들 상대로 전체 브리핑을 진행할까요? 앞으로 바뀔 부분을 미리 알려줘야 저항이 적을 테니까요."

"좋습니다. 갈등 예방이 결국 비용을 줄이는 길이지요."

김 대표는 이 컨설턴트의 말에 동의했다. 그도 모르게 입꼬리가 살짝 올라갔다. '노무·인사'라는 건 늘 어렵고 민감해서 뒤로 미뤘던 과제지만, 이제 컨설팅팀의 힘을 빌려 근본부터 손보기로 결심하니 마음이 오히려 홀가분해졌다. 갈등이 터진 건 불행이지만, 오히려 그걸 계기로 제도 정비의 시급성을 인식하게 되었으니 결과적으로 좋은 계기가 될 수도 있겠다는 생각이 들었다.

그날 늦은 오후, 김 대표는 잠깐 생산 현장을 둘러봤다. 여전히 직원들은 바쁘게 움직이고 있었다. 최 과장과 박지연 씨도 어느 정도 서로를 이해한 듯, 그럭저럭 일을 나누어 진행하고 있었다. 겉보기에는 평온해 보였지만, 어제처럼 큰 갈등이 언제 또 터질지 모른다. 이번에는 제도적으로 뒷받침해주지 않으면 근본적 해결이 어렵다는 걸 몸소 깨달았다.

사무실로 돌아오는 길, 김 대표는 혼잣말로 중얼거렸다.

"정말, 이 회사가 커지려면 사람부터 제대로 챙겨야 하는구나. 노무 관리가 단순히 문서 문제가 아니었네….”

그 순간, '이제야 회사가 사람을 중심으로 돌아갈 수 있겠구나'라는 깨달음이 머릿속에 맴돌았다. 정책자금·인증·공정 개선도 중요하지만, 결국 이 모든 걸 움직이는 건 '사람'이었다. 그 사람들을 제대로 대우하고, 갈등을 조율하며, 함께 성장할 수 있는 구조를 만들면, 회사가 더욱 단단해질 것이다.

이제 노무 전문가의 정밀 진단이 끝났고, 본격적인 '인사·노무 체계 개선' 작업이 시작될 참이었다. 몇 달 전만 해도 생각조차 못 했던 거대한 과제지만, 김 대표는 한껏 마음이 가벼웠다. '컨설팅이 이런 점에서 빛을 발하는구나. 혼자 헤맸다면 꿈도 못 꿨을 테니…'라며 만족스러워했다.

이미 갈등은 발화된 상태이지만, 어쩌면 이 불꽃이 회사를 한층 튼튼하게 만들기 위한 불쏘시개 역할을 할지도 몰랐다. 인사제도 정비라는 숙제를 미루지 않고 해치운다면, 앞으로 회사가 더 크고도 깊은 변화에 직면해도 한결 수월하게 대처할 수 있을 터였다.

#3

단단해지는 팀워크

오래된 직원과 신입 직원 간 갈등은 어느 정도 봉합되었지만, 그것이 끝이 아니었다. 노무 전문가 이서윤 컨설턴트가 제안한 전사적 '인사·노무 체계 개선' 작업이 서서히 진행되면서, 회사는 전에 없던 변화를 맞이하게 되었다. 갈등을 단순히 봉합하는 수준에 그치지 않고, 노무 정비와 조직문화 개선을 함께 추진하니, 직원들 사이에 전보다 적극적이고 긍정적인 에너지가 스며들기 시작한 것이다.

김정우 대표와 컨설팅팀은 직원들이 가장 힘들어했던 '주말 특근 문제'를 해결하기 위한 본격적인 방안을 모색했다. 공정 효율화나 설비 재배치도 중요했지만, 근무 일정과 의사소통 구조를 제대로 잡아야 '무계획 야근'이나 '갑작스러운 특근'이 줄어들 거라는 진단이 나왔다.

그동안 회사에서는 주 1회라는 명목상의 미팅이 있긴 했지만, 대체로 사장이 일방적으로 전달사항만 말하는 식이었다. 그래서 이 컨설턴트는 "주간 미팅을 조금 더 체계화하고, 각 부서나 개인별 이슈를 교환할 수 있는 '라운드 테이블' 방식으로 운영해보자"라고 제안했다.

"대표님이 그날그날 지시해버리면, 현장 직원들은 미리 준비할 시간이 없어요. 미리 공유하면, 주말 특근도 최소화할 수 있습니다."

이 말에 김 대표는 "그러네요. 늘 제가 수시로 '이번 주말에 야근하자'라고 통보해왔는데, 계획적으로 움직이면 좋겠지요. 직원들도 미리 알면 부담이 덜할 테고요"라고 동의했다.

그렇게 매주 월요일 오전 9시로 미팅 시간을 고정하고, 팀별로 그 주에 해야 할 일을 간단히 보고하되, 난관이 예상되는 부분은 함께 협의해 해결책을 찾기로 했다. 첫 시범 운영에서 몇몇 직원들은 "어차피 말해봐야 결정은 위에서 내리는 것 아니냐?"라는 반응을 보이기도 했지만, 막상 실제로 회의를 해보니 '주말 근무가 필요한 사유'나 '특정 작업이 언제 끝나는지' 등 정보를 공유하면서, 납득하고 준비할 수 있게되었다.

그리고 신입·중견·선임 직원 너나할 것 없이 모두가 이 회의에서 발언할 기회를 얻게 되면서, 생각보다 다양한 아이디어가 나오기 시작했다. 예컨대, 박지연 씨가 "이번 주 재고 소진율이 높아서, 주중에 공정을 조금 더 효율적으로 돌리면 주말 특근을 안 해도 될 것 같다"라고 언급하자, 최석현 과장도 "그럼 목요일까지 부품 공급 일정을 맞추면 되겠군요"라며 즉흥적으로 협조하겠다고 하는 식이었다. 불과 한두 주 전까지만 해도 감정 싸움하던 두 사람이, 주간 미팅에서 스스럼없이 의견을 주고받으니 주변 직원들도 의아해하면서도 안도했다.

"대표님이 꼼꼼히 듣고 결론 내려주니까, 직원들이 마음 놓고 일정을 조정할 수 있나 봐요. 전에는 잡다한 문제를 그때그때 긴급하게 처리했는데, 이제는 미리 의논하니 한결 좋아요."

회계 업무 담당인 서은영 과장이 그렇게 말하자, 김 대표는 작은 미소를 지었다. 예전에는 '주간 미팅? 바빠 죽겠는데 무슨 회의'라고 여기곤 했지만, 이제는 미리 계획을 세워놓으니 더 효율적이라는 걸 몸소 느끼고 있었다.

노무·인사 제도 개선의 목적으로, 간단한 '제안 제도'도 시행되었다. 직원들이 사소한 불편이든 새로운 아이디어든 익명으로 제안함에 따라, 회사가 한꺼번에 해결책을 모색하거나 실현할 수 있게 했다. 김 대표는 이 제도가 유명 대기업에서나 쓰이는 방식이라 믿었는데, 이 컨설턴트가 적극적으로 권유하고, 컨설팅팀이 준비를 도와서 어느덧 회사 안에서도 자리 잡았다.

생각보다 반응이 호의적이었다. 주간 미팅과는 별개로, 언제든 떠오른 생각을 간단히 문서나 온라인 폼에 남기면, 주기적으로 대표와 관리자가 검토 후 결과를 공유하는 프로세스였다.

- "공정라인 2번 기계 주변 조명이 어두워서 야간 근무 때 힘들다."
- "택배 박스가 로비에 쌓여 통행에 방해된다. 별도 구역 마련이 필요하다."
- "신입 직원 교육 매뉴얼을 한 곳에 정리해두면, 인수인계가 편할 듯하다."

평소라면 '조금 불편해도 그런가 보다' 하고 넘어갔을 이런 문제들이 하나씩 제보되어, 간단한 예산이나 공정 변경만으로 해결될 수 있었다. 김 대표가 주말에 열어본 제안함에는 '신입 직원 교육 매뉴얼' 제안이 서너 건이나 들어 있어, 그중 신입 직원 박지연 씨와 선임 직원 최 과장, 그리고 노무 담당 이 컨설턴트가 TF를 꾸려 다음 달부터 시범 운영하기로 했다.

직원들도 의외로 '사소한 이야기도 누군가가 들어주는구나!' 하며 만족감을 느꼈다. 결과가 무조건 받아들여지진 않아도, 회사 차원에서 정중히 '어렵다'라거나 '보류한다'라고 회신하는 것만으로도 "우리 의견이 무시되지 않는다"라는 신뢰를 쌓는 계기가 되었다.

이와 같은 작은 제도들이 속속 마련되면서, 직원들의 반응이 미묘하게 달라졌다. 애초에 직원 대부분이 회사가 잘되길 바라는 마음은 있었지만, 그런 의지를 표출할 통로가 없어 수동적으로 일하던 분위기가 컸다. 이제는 아무리 사소한 건의라도 발 빠르게 적용되거나, 적용 안 된 사유가 투명하게 공개되다 보니, 함께 문제를 풀어가는 동료라는 느낌이 자라났다.

"그거 봐, 이렇게라도 말해보니까 회사가 한 번에 움직이지 않나요?"
현장 작업자인 이승철 씨가 동료에게 농담 반, 진담 반으로 말을 건넸다. 늘 현장 관리자에게 쌓인 불만을 그냥 참아왔는데, 제안 제도와 미팅 제도를 통해 '발전적인 방식으로' 해결될 가능성이 열리자, 이승철 씨 자신도 '아이디어를 자주 내볼까?'라는 의욕이 생겼다고 했다.

또 다른 직원은 일찍 출근해 사무실 앞에 건의사항 알림판을 정리해 두는가 하면, 일부는 근무 시간 관리가 한층 체계화된 덕분에, 주말에 갑작스러운 특근을 요구받는 경우가 많이 줄었다며 만족해했다. 김 대표 역시 주말 특근을 함부로 지시하지 않고, '주간 미팅에서 사전합의'를 거치도록 원칙을 세웠다. 물론 불가피한 경우는 있겠지만, 최소한 갈등의 불씨는 크게 줄어들었다.

어느 날 저녁, 회의를 마치고 서 과장과 잠시 사무실에서 회계 정리를 하던 김 대표는 문득 털어놓았다.

"불과 몇 달 전만 해도, 저는 돈만 있으면 회사가 잘 돌아갈 거라 생각했거든요. 그런데 노무·조직문화가 바뀌니까 의외의 시너지 효과가 나네요."

서 과장은 웃으며 동의했다. "돈이 없으면 할 수 있는 일이 제한적이긴 하지요. 근데 돈만 있다고 되는 것도 아니더라고요. 솔직히 경기가 나빠지면 자금이 있어도 회사 내부가 혼란스러울 수 있으니까요. 전보다 직원들 협조도가 좋아져서, 일도 신나게 하는 것 같아요."

김 대표는 고개를 끄덕이며 몇 달 전을 회상했다. 한때 사장이 혼자 야근하며 서류에 파묻혀 고뇌하던 때와 달리, 이제는 직원들도 자발적으로 자료를 모으고, 필요하다면 컨설팅팀과 연락을 취해 도움을 요청했다. '작은 실행'이 모여 파급효과를 내고 있었다.

지금까지는 단순히 갈등이 생기면 무마하거나, 사장이 독단으로 지시하는 방식이었다. 계속 이랬다면 좋은 변화의 물결을 기대하기 어려웠을 터. 김 대표 자신도 '직원들이 이렇게 열망을 갖고 일해줄 줄은 몰랐어' 하고 새삼 놀랄 때가 많았다. 물론 갈등이 완전히 사라진 건 아니지만, 최소한 문제가 터져도 해결하려는 통로가 있다는 점이 큰 차이였다.

늦은 밤, 회사 건물을 나서며 김 대표는 가슴 한편이 뿌듯해졌다. 정책자금 확보부터 인증 준비, 노무·인사 제도 개선까지 바쁜 일정이 줄을 잇고 있지만, 정작 그에게 가장 큰 활력소가 되는 건 팀워크가 점점 단단해지는 현장이었다. 갈등을 불씨로 삼아 인사 체계와 소통 창구를 재정비하니, 직원들이 오히려 일에 자부심을 느끼고, 함께 성장하고 있다는 느낌을 받는 것이다.

'이제 회사가 진짜로 '한 팀'이 되어 가는 건가?'

김 대표는 빌딩 앞에 주차된 차에 올라타 시동을 걸면서 생각했다. 과거에는 사장 혼자서 끙끙 앓다가 때로 지쳐 나가떨어지는 악순환이 반복되었다. 하지만 지금은 팀원과 직원 모두가 자신을 의지하고, 자신도 그들을 신뢰하며 각자 역할을 해내는 순간들을 매일 체감한다. 이럴 때야말로, 회사의 체질이 바뀌고 있음을 실감하게 되는 것이다.

'조직 관리가 이렇게나 중요하구나…. 앞으로 더 공부도 하고, 직원들이 기댈 수 있는 사장이 되어야겠네.'

그는 무심히 창밖에 비치는 거리의 가로등 불빛을 바라보며 작게 미소 지었다. 갈 길이 멀긴 해도, 이 결실이 어떻게 더 커질지 기대가 되었다. 그리고 문득 떠오르는 건, 다음 주 주간 미팅에서 또 어떤 의견이 쏟아질까 하는 설렘이었다. 팀워크가 단단해지는 건 단지 갈등 없이 지낸다는 의미가 아니라, 가끔 갈등이 있더라도 '함께 해결할 줄 아는 조직'으로 거듭나는 것. 그 길을 지금부터 계속 걸어갈 것이다.

#4

마음의 문을 여는 대화

　회사 전체가 바쁜 일정을 소화하며 조직 관리와 노무 시스템을 정비하는 가운데, 갈등이나 오해가 발생하더라도 이전과는 달리 좀 더 빠르고 부드럽게 풀어가는 분위기가 자리 잡았다. 바뀐 제도만큼이나, 직원들 사이에서 '대화를 통해 마음을 열어보자'라는 흐름이 퍼져나간 덕분이었다.

　하루는 오래된 직원 최석현 과장이 사무실 한쪽에서 뭔가를 망설이는 듯했다. 김정우 대표가 눈치를 채고 조용히 다가가자, 최 과장은 눈을 피하며 살짝 고개를 숙였다.

　"대표님, 사실 얼마 전 일도 그렇고, 제가 마음이 좀 복잡하네요. 회사가 바뀌고 있는 건 좋은데, 한편으로는 제가 뒤처지는 건 아닐까 걱정도 됩니다."

다소 의외의 고백이었다. 겉으로는 노련한 선임 직원처럼 굴었지만, 내부적으로는 불안감을 느끼고 있었던 것이다. 김 대표가 "솔직히 말해 줘서 고마워요. 요즘 세대 차이도 있고, 변화 속도도 빠르니까 힘들 수 있지요"라며 함께 자리에 앉았다.

최 과장은 한숨을 내쉬며 말을 이었다. "박지연 씨 같은 신입 직원은 적극적으로 의견도 내고, 컨설팅팀이랑도 잘 맞춰가는 것 같아요. 저도 이렇게 개선되는 분위기를 싫진 않은데…. 예전 방식만 고집하는 꼰대처럼 보일까 봐 겁나요."

김 대표는 진심 어린 눈빛으로 최 과장을 바라봤다. "과장님, 그간 회사가 힘들 때마다 기둥 역할을 해주셨잖아요. 저는 그걸 절대 잊지 않고 있어요. 단지 이번에 제도나 시스템을 좀 정비하면서 새로운 분들 의견도 들어보려는 거지, 옛 직원의 공로나 노하우를 깎아내릴 생각은 전혀 없어요."

최 과장은 그 말에 살짝 안도하는 표정을 지었다. "고맙습니다. 저도 바뀌는 게 나쁜 건 아니라고 생각해요. 다만 제 경험이 '구시대'로 치부되진 않았으면 해서요."
김 대표는 "그건 절대 아니에요"라며 고개를 세차게 저었다. "오히려 신입 직원들이 과장님 경험과 지식을 배우며, 더 효율적으로 발전할 수 있지요. 저도 과장님이 품질이나 생산 쪽에서 쌓아온 노하우를 중요하게 생각해요."

그렇게 한 십여 분 정도 진솔한 대화가 오갔고, 최 과장은 마지막쯤 "대표님, 저도 더 적극적으로 변화에 참여해보겠습니다. 괜히 뒷짐 지고 불만만 표출했던 건 제 잘못이었어요"라며 미소 지었다. 김 대표는 큰 힘을 얻은 기분이었다. "저도 최 과장님께 감사해요. 이렇게 마음속 이야기를 꺼내주셔서요."

비슷한 시각, 노무 전문가 이서윤 컨설턴트는 신입 직원들 몇 명을 모아 가볍게 티타임을 가졌다. 우연히 마주친 박지연 씨가 "요즘 회사가 좋아지긴 하는데, 선임 직원들 눈치가 아직도 좀 보인다"라고 조심스럽게 말했기 때문이다.

"저희끼리 SNS 단톡방에서 '어떻게 하면 회사 생활 더 편해질까?' 농담처럼 이야기하는데, 혹시 선임들이 '저놈들끼리 우리 흉보나?'라고 생각하진 않을까 걱정됩니다."

박지연 씨의 말에, 다른 신입 직원들도 고개를 끄덕였다. 회사가 변하긴 해도, 세대 간 문화 차이가 아직은 완전히 해소되지 않다고 느끼는 것이다.

이 컨설턴트는 공감 어린 표정으로 "갈등은 대화 부족에서 생기는 경우가 많아요. SNS나 단톡방에서만 이야기하지 말고, 몇 가지 건설적인 안건은 주간 미팅 때 공식적으로 제안해보세요. 또 선임 직원분들한테 '이런 부분은 과장님의 의견이 필요하다'라고 먼저 요청하면, 자연스럽게 협업이 이뤄지지 않을까요?"라고 조언했다. 그 말이 신입 직원들에게는 새롭고도 든든하게 들렸다. "확실히, 미안해서 혼자 해결해버리거나 SNS에서만 수다 떠는 식으로 피하면, 결과적으로 선임들께서 소외감을 느끼실 수도 있겠네요." 박지연 씨는 그 자리에서 스마트폰을 꺼내어 메모를 남겼다. "좋아요, 다음 미팅 때 한 번 의견을 내보고, 선임분들 조언을 구해볼게요."

며칠 뒤 주간 미팅 자리에서는 신입과 선임 직원들이 함께 작은 제안에 대해 '합의'를 시도하는 장면이 있었다. 신입 직원들이 "근로계약이나 인수인계 매뉴얼이 아직 부족한 것 같다"라고 지적하자, 선임 직원들은 "예전에는 그냥 구두로 전수했는데, 이제는 문서화해야겠네"라며 곰곰이 수긍하는 흐름이 된 것이다.

대표적 예가 최석현 과장과 박지연 씨의 대화였다. 최 과장은 어색해 하면서도 "그렇다면 우리 현장 직원들은 언제 어떻게 교육하면 좋을까요?"라고 물었고, 박지연 씨는 "과장님이 현장 작업 흐름을 잘 아시니, 제가 문서화 초안을 쓰면 과장님이 검토해주시는 게 어떨까요?"라고 제안했다. 두 사람은 '옛날 방식 vs. 새 방식'에서 충돌하던 모습과 달리, 서로의 역할을 명확히 나누어 협업하겠다고 합의했다.

그 광경을 지켜보던 다른 직원들도 은근히 고개를 끄덕였다. 서로 마음의 문을 열어 대화하다 보니, '나는 이렇게 생각한다'가 수면 위로 드러나고, 그 위에서 협력 방안이 자연스럽게 나오는 식이었다. 김 대표는 표정이 밝아져서 "이게 진짜 팀워크겠지요"라며 뿌듯해했다.

오후 늦은 시간, 사무실 복도에서 김 대표와 박 경영지도사가 나란히 걸었다. 박 경영지도사가 "요즘 보니까, 직원들이 대표님에게 이전보다 훨씬 더 편하게 말 걸고, 대표님도 적극적으로 대화하시네요"라며 칭찬하자, 김 대표는 쑥스러운 미소를 지었다.

"자금이 있고 제도만 바꾸면 되는 줄 알았어요, 예전에는. 그런데 결국 변화는 사람들과의 대화에서 시작되네요. 갈등이든 노무든, 가장 중요한 건 소통이었어요."

박 경영지도사는 고개를 끄덕이며 "저희가 컨설팅하면서 가장 자주 느끼는 게, 기술이나 자금보다 '사람 문제'가 훨씬 어렵고 중요하다는 점이에요. 대표님이 열린 태도로 바뀐 덕에 직원들도 마음의 문을 열고 대화하게 된 거지요."

순간 김 대표는 과거 새벽 야근을 하며 외롭고 지친 마음으로 서류를 뒤적이던 시절이 떠올랐다. 그때는 '누구에게도 말하지 못하는 사장의 고독'을 당연시했지만, 지금은 사내 갈등이나 문제도 신속히 드러내고 해결을 모색하는 분위기가 자리 잡았다. 갈등이 영원히 사라지는 건 아니지만, 최소한 숨기고 곪게 놔두지 않는 것이 큰 변화였다.

저녁 퇴근 무렵, 김 대표는 가볍게 몸을 풀기 위해 사무실 건물 옥상으로 올라갔다. 따뜻한 바람이 불어오는 옥상에서, 그는 아래를 내려다보며 한숨 돌렸다. "정말 회사가 사람이 중심이라는 말, 이제야 실감해"라고 중얼거렸다.

가끔 직원들이 버거운 표정을 지으면 어떻게 다독일지 고민도 되고,

여전히 '더 오래된 관행'과 '새로운 방식' 사이에 불협화음이 날 때가 있지만, 적어도 대화로 해결할 통로는 열려 있었다. 김 대표는 '앞으로도 문제는 수시로 나오겠지만, 그때마다 마음의 문을 열어 대화하면 의외로 잘 풀릴 수 있겠지'라고 확신했다.

건물 옥상에서 불어오는 바람은 시원했고, 몸과 마음의 무게도 한결 가벼워졌다. 그는 자신을 스스로 다독였다. '그렇지, 갈등은 누구나 겪을 수 있다. 하지만 대화 없이 혼자 끙끙 앓던 예전과 달리, 이제는 함께 문제를 해결하려 하잖아. 그게 우리가 앞으로 계속 가야 할 길이겠지.'

멀리서 불빛이 하나둘 켜지며 도시가 저녁 풍경으로 바뀌는 사이, 김 대표는 핸드폰에 박지연 씨가 보낸 메모를 다시 확인했다. '대표님, 과장님께서 공정 매뉴얼 초안 같이 검토해주신다고 하셨어요!'라는 짧은 메시지에, 이제는 미소가 절로 나왔다. 사내 곳곳에서 마음의 문을 열고 대화를 시도하는 작은 움직임들이, 회사를 조금씩 더 단단하게 만들어주는 중이었다.

중소기업을 운영하면서 노무 관리가 허술해지면, 직원과 사장 모두 곤란해지는 상황을 많이 본다.

예컨대 서면 근로계약이 불분명하다가 분쟁이 발생하거나, 4대보험 처리가 늦어 불이익이 생기는 등, 사소해보이는 문제가 실제로는 회사를 흔드는 뇌관이 될 수도 있다.

다음 다섯 가지 핵심 사항만 미리 챙겨둔다면, 회사는 '안정된 노무 환경'을 갖추고 직원들도 안심하며 일할 수 있다.

1. 근로계약서 : '구두 약속'은 위험하다

- 기본 원칙
  - 모든 직원과 반드시 서면 근로계약서를 작성해야 한다.
  - 고용 형태가 정규직·계약직·아르바이트 등 어떤 방식이든, 서면은 필수다.
- 놓치기 쉬운 부분
  - "근무 첫날 정신이 없어서 나중에 쓴다"라거나 "구두로 합의했다"라는 식으로 미루다가, 몇 달이 지나버리는 경우가 많다.
  - 중소기업 대표들은 인력 채용 시 절차가 분산되어, 제때 계약서를 쓰지 않다가 문제가 터지는 상황이 빈번하다.
- 체계화 방법
  - 임금·근무시간·휴가·수당·업무 내용 등 핵심 항목을 빼놓지 않고 명시한다.

- 변경 사항이 생기면, 부속 합의서나 재작성으로 기록을 남긴다.
- 이점
  - 불필요한 분쟁(임금 체불·근무조건 불일치)을 예방한다.
  - 직원과 대표 모두 권리·의무를 정확히 알고, 서로 신뢰를 쌓을 수 있다.
  - 법적 리스크가 훨씬 줄어, 회사 이미지나 안정성도 올라간다.

2. 4대보험 : 가입이 아닌, '제때' 가입이 관건

- 의무 가입
  - 국민연금·건강보험·고용보험·산재보험은 법적으로 가입해야 한다.
  - 직원 수가 적더라도, 사업장이면 의무적용 대상이 대부분이다.
- 현장 에피소드
  - 어떤 대표는 '인턴이라서, 아직 정식 직원 아니라서'라는 이유로 4대 보험 처리를 늦추다가, 막상 문제가 생기면 과태료나 사후 납부로 더 큰 비용을 치른 사례도 있다.
  - 새 직원이 입사하면, 바로 입사 신고와 함께 4대보험 절차를 밟는 것이 안전하다.
- 유의 사항
  - 입·퇴사 시 즉시 신고해야 하며, 보험료의 사업주 부담분을 재무계획(월별 인건비)에도 반영한다.
  - 건강보험이나 국민연금의 경우 직원들이 이직하거나 합쳐질 수도 있으니, 정기적으로 확인하고 미납이 없는지 체크해야 한다.

- 이점
  - 직원으로서는 기본 복지·안전망이 확보되어 안심하고 일할 수 있다.
  - 회사 차원에서도 법률 리스크가 줄어들고, 구직자에게 '4대보험 완비'가 매력적인 고용조건으로 작용한다.

3. 임금 설계 & 수당 체계 : 투명해야 분쟁이 없다

- 명확한 기준
  - 기본급, 직책 수당(직책별), 식대·교통비 등 복잡한 임금 항목을 구분해서 지급한다.
  - 시간 외 근로(초과근로), 주말·야간 특근 등은 사전에 승인 절차와 보상 규정을 확실히 마련한다.
- 자주 생기는 문제
  - '월급에 야근 수당이 포함되어 있다'라는 막연한 구두 합의 → 직원이 야근이 잦아지면 불만이 폭발한다.
  - '주말 특근은 한 번에 정산'이라 했으나, 정확히 계산 못 해 임금분쟁을 야기한다.
- 체계 잡는 팁
  - 근로계약서에 임금 항목별 금액을 명시하고, ○○근무 시간 기록(타임카드 등) ○○을 철저히 관리한다.
  - 야근·주말 근무가 불가피하면 주차별 또는 월별로 수당을 명확히 지급한다.
  - 임금명세서를 매달 발행하면, 직원이 '내가 어떤 근로 대가를 얼마나, 언제 받는지' 투명하게 볼 수 있어 논란이 줄어든다.

- 이점
  - 직원들이 임금 문제로 불안해하거나 의구심을 품을 일이 사라진다.
  - 대표도 '정당한 수당을 언제, 어떻게 줘야 하나?' 고민할 시간이 줄어, 노무 리스크를 크게 줄일 수 있다.

4. 복리후생 제도 : 회사 규모에 맞게, 직원 참여로 설계

- 다양한 방식
  - 식대·교통비 지원부터, 건강검진, 교육비, 경조사비, 명절 선물 등 회사 여건에 맞춰 도입이 가능하다.
  - 10인 이하 소기업도, 간단한 복지를 조금씩 갖추면 직원 만족도가 크게 오른다.
- 직원 참여
  - 복지 항목을 결정할 때, 대표 혼자 '이거면 되겠지'가 아니라 직원 의견을 듣는 프로세스를 만들면 만족도가 확 올라간다.
  - 예 : 소규모 설문이나 간담회를 열어 '우리에게 꼭 필요한 복지는 뭔가' 묻는 식
- 실제 효과
  - 직원 애사심이 올라가고, 이직률이 낮아진다.
  - 외부에서 볼 때 '저 회사는 규모가 작아도 직원 복지를 신경 쓴다' 라는 인식이 생겨, 채용 경쟁력이 커진다.

5. 회사 비전 & 조직문화 공유 : '방향성'을 함께 알자

- 정기 미팅
  - 대표가 회사 목표·경영 현황·프로젝트 일정 등을 주기적으로 알리면, 직원들이 '우리가 지금 어디로 가는지' 알게 된다.
  - 의외로 이런 기본적 정보가 공유되지 않아, '이 회사가 뭘 하려는지 몰라서 답답하다'라는 직원이 많다.
- 소통 루트 확보
  - 주간 회의, 제안 제도, 임직원 간담회 등으로 직원 아이디어나 불만을 빠르게 수렴할 수 있다.
  - 꼭 대규모 회의가 아니더라도, 팀별로 짧은 주간 보고를 루틴화하면 의견 교환이 수월해진다.
- 이점
  - 회사가 어떤 가치와 목표를 지향하는지 직원들이 공감하게 되면, 자발적 참여와 협력이 이루어진다.
  - 사소한 갈등이나 오해도 미리 잡을 수 있어, 노무 분쟁 위험도 크게 줄게 된다.

정리하자면 다음과 같다.

이 다섯 가지 영역 1. 근로계약서, 2. 4대보험, 3. 임금 설계, 4. 복리후생, 5. 비전·문화만 제대로 관리해도, 중소기업도 꽤 탄탄한 노무 환경을 갖출 수 있다. 직원들은 안심하고 일하며, 대표도 불필요한 갈등에 에너지를 소모하지 않게 된다.

만약 이 모든 걸 대표 혼자 감당하기 힘들다면, 노무사나 경영지도사, 노무 컨설턴트에게 도움을 청하는 것이 좋다. 한번 체계를 잘 잡아 두면, 회사가 더 커지거나 직원이 늘어날 때도 노무 문제로 흔들리지 않고 오히려 '직원-대표가 함께 성장하는 조직문화'를 구축할 수 있다.

시장의 위협과
새로운 돌파구

#1

경쟁사의 신제품 공습

    회사가 바쁘게 내부 체계를 정비하고, 노무·자금·인증 등 여러 과제를 동시에 진행하고 있던 어느 날 아침, 김정우 대표가 바짝 긴장한 표정으로 사무실에 들어섰다. 그를 기다리던 직원들이 눈치를 살피고 있었는데, 이유는 곧 밝혀졌다. 김 대표가 손에 들고 있는 스마트폰 화면을 펼쳐 보였는데, 경쟁사에서 획기적인 기능을 갖춘 신제품을 곧 출시한다는 소식이었다.

    "이거 보세요. GL테크라고 우리랑 비슷한 규모의 업체인데, 이번에 꽤 혁신적인 성능을 갖춘 제품을 내놓는답니다. 게다가 정부 지원까지 받았다는군요."

    김 대표는 차분한 목소리로 말했지만, 이마에 맺힌 땀방울이 그다지 평온하지 않음을 보여주었다. 서은영 과장도 핸드폰을 확인하고서 "벌써 인터넷 커뮤니티에 기사도 올라와 있어요. 경쟁력이 꽤 높다는데요?"라며 목소리를 떨었다.

사실 GL테크는 몇 년 전까지만 해도 김 대표 회사보다 훨씬 뒤처진 곳으로 인식되었다. 하지만 정부 과제에 꾸준히 선정되고, R&D 인력을 보강해가며 조금씩 성장한 끝에, 이제는 본격적으로 시장을 뒤흔들 만한 신제품을 내놓을 기세였다. 김 대표는 그저 남의 일이 아니라고 느꼈다. "우리도 곧 신제품을 준비해야 하는데, 이렇게 빨리 치고 나오면 고객들이 전부 저쪽으로 갈 것 같은 불안이 있네요."

사무실 안에는 묘한 정적이 흘렀다. 노무·조직 내부 정비가 한창이라 직원들 사기는 좀 올라갔지만, 외부 시장에서의 도전은 또 다른 문제였다. 자칫 방심하면 내부 체질 개선에만 매달리다 시장 점유율을 잃을 수도 있다는 위기의식이 엄습했다.

이때 컨설팅팀의 박선우 경영지도사가 당황한 직원들에게 침착한 목소리로 제안했다. "우선 GL테크의 신제품이 어떤 특징을 가지고 있고, 우리가 갖출 수 있는 마케팅 포인트가 있는지 판단해야 합니다. 그냥 '저쪽이 혁신적인가 보다…'라고 막연히 겁먹으면 곤란하지요."

김 대표도 그 말에 동의했다. 한발 물러서서 냉정히 상황을 분석해야 한다. "맞아요. 먼저 시장 반응이 어떤지, 주요 고객층이 어디인지 파악해봅시다. 그리고 우리 회사가 준비 중인 차별화 포인트를 어떻게 빨리 살릴 수 있을지 고민해야겠어요."

곧바로 마케팅·인증 담당 홍수정 컨설턴트가 발 벗고 나섰다. "제가 바로 SNS·온라인 커뮤니티 등을 조사하고, 우리 기존 고객 중 몇 분께도 반응을 살짝 물어볼게요. GL테크 제품이 어느 정도 파급력이 있는지, 경쟁사가 자주 활용하는 마케팅 채널을 살펴보면 방향이 나올 거예요."

옆에서 재무 담당 류성민 팀원은 "자금 쪽은 이제 어느 정도 안정되었으니, 우리가 소규모라도 '프로토타입' 개발에 투자할 여력이 생겼지요. 대표님이 구상하셨던 신개발 아이템, 시제품이라도 빨리 내보면 어떨까요?"라며 건의했다. 김 대표는 고개를 끄덕였지만, 여전히 고민스러운 표정이었다.

오후가 되자, 컨설팅팀과 핵심 직원들이 회의실에 모여 긴급 미팅을 했다. 홍 컨설턴트가 인터넷 자료와 간단한 전화 인터뷰 결과를 토대로 정리한 문서를 스크린에 띄웠다. GL테크의 신제품은 성능 면에서 혁신적이긴 했지만, 가격이 다소 높게 책정되었고, 범용성보다는 특정 산업 분야에 맞춰진 형태라는 분석이 나왔다.

"결국, 고가 전략이니, 가격 민감도가 높은 중소 업체들은 쉽게 넘어가지 않을 수도 있겠네요."
"맞아요. 시장에서는 늘 성능과 가격 둘을 비교하는 소비자층이 존재하잖아요."

직원들과 홍 컨설턴트가 거론한 공통된 의견은, '우리가 가성비·유연성·친밀도' 같은 장점을 부각하면 승산이 있다는 점이었다. 예전부터 김 대표 회사는 에는지니어들과 고객들이 직접 소통하며 커스터마이징 옵션을 제공해왔다, 무조건 고성능만 강조하기보다는 '필요한 기능'을 적절한 가격에 설계해주는 방식으로 차별화했었다.

홍 컨설턴트는 "대표님, 이게 기회가 될 수도 있어요. 경쟁사가 고성능·고가 제품으로 시장을 흔들면, 그 반대편에서 '맞춤형 솔루션'과 '가성비'를 앞세워 빠르게 움직이는 방식도 나쁘지 않아요. 그럼 깃발 뽑히기 전에 틈새에서 자리 잡을 수 있지요"라고 힘주어 말했다.

김 대표가 "하지만 우리 신제품은 아직 인증이나 공정 개선이 충분치 않잖아요"라고 망설이자, 박 경영지도사가 반박했다. "정책자금 확보됐고, 내부 정비도 꽤 진척됐습니다. 이제는 외부 시장에서 곧장 피드백을 받으며 R&D를 진행해보는 것이 어떨까요? 외부 협력사나 고객에게 '시범 운영' 형태로 제품을 투입해보고, 필요한 인증도 병행 취득하면 됩니다."

직원들도 조금씩 자신감을 되찾는 분위기였다. 장기적으로 연구개발(R&D)나 혁신 기술이 필수라고는 해도, 당장 GL테크 제품에 완전히 묻히진 않을 거라는 계산이었다. 마침 회사 내부 공정도 예전보다 효율이 올라, 짧은 기간에 시제품 생산이 가능해진 상태였다.

김 대표는 회의실을 돌며 직원들의 표정을 확인했다. 다들 긴장되지만, '가만히 앉아 있을 순 없다'는 공감대가 형성되어 있었다. 박 경영지도사도 "조직 내부가 탄탄하면, 이런 위기 상황에서 더욱 빛을 발하지요. 서둘러 시장 대응 전략을 구체화합시다. 경쟁사 제품이 시장에 풀리기 전에, 우리도 한두 달 내에 시그니처 아이템을 내놓을 준비를 해보지요"라고 제안했다.

결국, 미팅 막바지에 빠르게 실행 계획이 나왔다.

1. 시제품 개발팀 구성 : 제품 담당 엔지니어, 현장 직원 중 아이디어가 많은 인원을 선발해 TF로 꾸린다.
2. 주요 고객 인터뷰 : 기존 거래처나 잠재 고객에게 "이런 기능이 필요하지 않으세요?"라는 설문을 돌리고, 그 응답을 바탕으로 시제품에 반영한다.
3. 가성비·맞춤형 마케팅 : 경쟁사의 '고가·고성능' 전략과 차별화된 마케팅 메시지를 만든다.
4. 인증 병행 추진 : 지금 진행 중인 ISO나 향후 이노비즈 절차와 연계해, 신제품의 품질과 기술력을 공식적으로 입증할 방법을 찾는다.

그리고 재무 담당 류성민 팀원이 "대표님, 필요한 자금 규모나 인력 배분도 다음 주 주간 미팅 때 공유해주시면 좋겠어요. 내부 프로젝트랑 겹치지 않게 조정해야 하거든요"라고 말하자, 김 대표도 수긍했다. "좋습니다. 한꺼번에 무리하진 말고, 기획부터 단계적으로 들어가지요."

회의가 끝난 후, 김 대표는 한층 의욕이 솟아올랐다. 기껏 내부 체계를 잡아가고 있었는데, 외부 시장에서 위협이 닥치면 흔들릴 법도 했지만, 의외로 반대였다. '결국에는 시장에서 승부를 봐야지. 내부 정비만 해놓고 안주할 수 없잖아.' 그런 마음이 생겼다.

직원들 표정도 다소 달라졌다. 불안감은 여전히 있지만, '이대로 손 놓고 있을 수야 없지' 하는 결의가 퍼져 있었다. 박지연 씨는 "최 과장님이랑 TF에 지원하고 싶어요! 현장 라인에서도 신제품 아이디어가 있거든요"라며 적극성을 드러냈고, 최석현 과장도 씩 웃으며 "너무 바쁘지만, 그래도 내 노하우를 보탤 때가 지금인 거지!"라고 화답했다.

김 대표는 그 모습을 흐뭇하게 지켜봤다. 몇 달 전이였다면, 외부 경쟁사 소식에 우왕좌왕만 했을 텐데, 이제는 사내 팀이 자발적으로 움직이며 "이참에 하나 만들어보자"라는 반응을 보이니, 회사가 많이 달라졌음을 실감했다.

늦은 오후, 전화 한 통이 들어왔다. 예전부터 거래하던 업체의 과장이라는 사람으로, GL테크 신제품 이야기를 듣고 "혹시 대표님도 신제품 내놓으시냐"는 문의였다. 김 대표는 순간 긴장했지만, 곧 침착하게 대답했다.

"준비 중인 게 있기는 합니다. 아직 시제품 단계지만, 고객사가 원하시면 먼저 써보실 수 있어요. 기능도 유연하게 조정 가능합니다."

통화를 끝낸 뒤 김 대표는 혼잣말로 '경쟁이 있어야 우리가 더 성장할 수 있지'라고 되뇌었다. 머릿속으로는 동시에 시나리오를 그렸다. 만약 GL테크 신제품이 시장에서 크게 주목받는다면, 그 틈새에서 우리 회사의 맞춤형·가성비형 솔루션이 한층 부각될 수도 있겠다는 예감이 들었다. 또한, 그렇지 않더라도 어쨌든 우리 회사가 자체 신제품을 만들고 인증을 진행하는 계기로 삼으면 된다. 어떤 식으로든 움직임이 있어야 기회가 생긴다.

'조급해하거나 두려워만 하지 말자. 지금껏 컨설팅팀과 조직 관리에 투자해온 걸 바탕으로, 변화하는 시장에 능동적으로 대응하면 되는 거지.'

그렇게 다짐하며, 김 대표는 생산라인 쪽으로 발걸음을 옮겼다. 이미 TF에 참여하기로 한 직원들이 모여, 사소한 아이디어부터 논의하는 모습이 보였다. 이제는 '사장이 지시한다'라는 식이 아니라, '다 함께 고민하고 실행한다'라는 식이었다.

경쟁사의 신제품 공습에 맞닥뜨린 위기감은 역설적으로 '우리도 해보자'라는 활력으로 바뀌고 있었다.

#2

마케팅·영업 전략을
다시 짜다

경쟁사의 신제품 출시 소식이 전해진 뒤, 회사 내부에서는 단순히 기술개발만이 아니라 마케팅·영업 전략도 대대적으로 재정비해야 한다는 공감대가 형성되었다. 지금까지는 비교적 오프라인 영업과 기존 거래처 관계를 중심으로 매출을 유지해왔었다. 그렇지만 시장 경쟁이 치열해지면서 더 넓은 고객층을 공략할 필요성이 절실해진 것이다.

컨설팅팀의 마케팅 담당 홍수정 컨설턴트는 한동안 경쟁사 동향을 파악하고, 업계 트렌드를 분석한 뒤 간단한 보고서를 만들었다. 보고서에는 "현재 회사가 가진 '맞춤형 솔루션', '합리적 가격', '탄탄한 현장 지원' 같은 장점이 잘 알려지지 않는다"라는 지적이 담겨 있었다.

"대표님, 그동안 우리 제품은 소수 거래처에만 인정받았지요, 온라인이나 SNS 등 대중적 채널에는 거의 존재감이 없어요. 게다가 회사 홈페이지나 블로그도 업데이트가 뜸하고요."

김정우 대표는 보고서를 훑으며 고개를 끄덕였다. "그동안은 아는 거래처 위주로만 판매해왔지, 새로운 고객을 끌어오는 전략적 마케팅은 안 했지요. 대표 SNS 계정조차 없는 상태라⋯." 그러자 홍 컨설턴트는 "아직 늦지 않았어요. 이참에 '우리는 이렇게 고객 맞춤형으로, 합리적 비용으로, 게다가 신속한 현장 대응을 한다'는 점을 적극적으로 홍보하면 어떨까요?"라고 제안했다.

곁에서 서은영 과장이 "그러려면 예산도 편성해야겠네요. 지금 확보한 정책자금 중 일부를 마케팅 비용으로 배정할 수도 있고⋯"라고 조심스레 말하자, 김 대표는 "그래야겠지요. 막연한 기술개발만 해서는 한계가 있으니, 고객에게 알려야 의미가 있으니까요"라고 동의했다.

조금 더 구체적인 전략을 세우기 위해, 컨설팅팀은 타깃 시장 세분화 작업부터 착수했다. 이 회사 제품이 어느 업종, 어느 규모의 업체에 가장 실효성이 높은지, 그리고 그 고객들이 무엇을 중시하는지를 분석해야 했다.

- 중소 제조업체 : 가격 민감도가 높고, 커스터마이징이나 현장 대응을 선호함.
- 특정 산업(예 : 식품·화장품·부품 등) 전문기업 : 정확한 품질 인증과 사후 관리가 중요함.
- 온라인 플랫폼 : 국내외 온라인 유통이나 전자상거래를 통해 진입할 수 있는 소형 프로젝트

홍 컨설턴트는 이러한 분류표를 보여주며 "우리가 전부 다 대응하긴 어렵지만, 먼저 중소 제조업체, 틈새 산업을 집중적으로 공략해볼까요? 가성비와 유연성을 내세워 '맞춤형 솔루션'을 홍보하면, 대기업이나 고가 프리미엄 경쟁사와 차별화가 확실해질 거예요"라고 조언했다.

김 대표는 예전부터 중소 제조업체들과 친분이 있어 나름대로 영업은 하고 있었다. 그러면서도 체계적인 세분화와 콘셉트가 없었다는 점을 인정했다. "이제라도 제대로 구분해서 영업하면, 우리 장점을 살릴 수 있겠네요"라며 적극적으로 호응했다.

한편, 온라인 마케팅은 그동안 회사가 거의 손대지 못했던 분야였다. 지금까지는 전시회 참가나 오프라인 영업, 지인 소개 등을 통해 매출을 유지해왔었다. 경쟁사가 신제품을 공격적으로 SNS를 통해 홍보하며 관심을 끄는 걸 보고 나니 위기감이 들었다.

홍 컨설턴트는 "대표님, 홈페이지나 블로그, 그리고 LinkedIn이나 네이버 카페 같은 B2B 채널에서 '우리가 제공하는 맞춤형 솔루션 사례'를 소개하면 어떨까요? 실제 고객들이 어떻게 비용을 절감했는지, 공정 효율을 얼마나 높였는지 스토리텔링으로 풀어내면, 생각보다 많은 이들이 관심을 보일 거예요"라고 열심히 설명했다.

김 대표는 "블로그 마케팅이라니, 우리랑은 안 맞는다고 생각했는데…. 지금 보니 경쟁사들도 이런 방식을 적극적으로 활용하는군요"라며 놀랐다. 특히 SNS에 고객 사례(케이스 스터디)를 소개하고, 간단한 이벤트나 세미나 공지로 잠재 고객을 끌어모으는 전략은 중소기업에도 충분히 먹힌다는 걸 깨닫게 되었다.

"대표님이 직접 사용하는 SNS 계정이라든지, 회사 공식 계정을 운영하는 것부터 시작해도 좋겠습니다. 소소하게라도 회사 내부 소식, 인증 준비 현황, 공정 개선 사례 등을 올리면 사람들 관심이 이어질 거예요"라는 말에, 김 대표는 당황하면서도 "한번 해보자"라고 결심했다.

새로운 마케팅 방향이 잡히자, 회사 내부에서도 영업팀과 현장 직원이 협업하는 흐름이 자연스럽게 생겼다. 예전에는 영업사원이 오프라인으로 발로 뛰며 주문을 따오고, 현장은 '주어진 대로 납품'만 해왔다. 이제는 현장 직원들이 제품 장점을 제안하고, 영업팀이 이를 온라인 홍보에 적극적으로 활용하는 식으로 변화가 되었다.

"저희 현장, 지금 한 고객사에서 '기계 라인 커스터마이징'으로 큰 호응을 얻고 있어요. 설치해보니 원가 절감이 15% 이상 된다네요?"
현장 책임자 최석현 과장이 미팅 자리에서 이런 호재를 언급하면, 영업팀은 "그럼 바로 사진 몇 장 찍어 SNS에 케이스로 올려볼까요? 고객사 동의만 구한다면, 우리 강점을 홍보할 절호의 기회지요"라고 반응했다.

김 대표는 그 광경을 흐뭇하게 지켜봤다. 과거에는 사장이 영업팀에 "매출 좀 더 올려봐"라고 압박하는 일방적 구조였는데, 이제는 현장 경험, 마케팅 아이디어가 만나 실시간으로 변주되는 모양새였다.

홍 컨설턴트는 "이렇게 직원들이 자발적으로 성과 사례를 제보해주면, 마케팅 자료가 풍부해지거든요. 실제로 SNS나 블로그에서 '현장 실사용 후기'를 좋아하는 B2B 잠재 고객이 많아요"라고 설명했다.

단순히 SNS 홍보만으로는 경쟁 제품을 이기기 어렵다는 우려도 여전했다. 그래서 박선우 경영지도사와 팀원들은 '회사만의 스토리'를 강화하자고 논의했다.

- 회사가 컨설팅을 통해 조직 체계를 정비 중이라는 점
- 맞춤형 솔루션으로 고객에게 최적화된 결과를 안겨주는 점
- ISO 등 인증을 준비해 품질 보증을 강화하려는 노력
- 적극적인 노무·인사 개선을 통해 직원들이 헌신적으로 일하는 문화

김 대표는 이 과정을 '그냥 내부 사정'이라고만 여겨 별로 공개하고 싶어 하지 않았지만, 홍 컨설턴트는 "이게 곧 기업의 진정성이 될 수 있습니다. 고객들은 점점 '어떤 회사가 믿을 만한가?'를 판단할 때, 단순 스펙이 아니라 회사 철학과 노력을 본다"라고 강조했다.

결국, '조직문화·맞춤형·인증 준비'가 융합된 내용을 홈페이지와 SNS에서 살짝씩 어필하기로 했다. 예컨대 '우리 회사는 직원들의 제안을 통해 계속 혁신한다', '노무·인사 정비로 안정된 조직에서 탄생하는 제품' 같은 메시지가 그것이다. 조금은 낯간지러웠지만, 김 대표는 마음을 바꿔 '어차피 우리 회사가 하려는 걸 솔직히 보여주면, 고객들도 신뢰할 것'이라 믿었다.

며칠 뒤, 회사 홈페이지가 깔끔하게 리뉴얼되고, 블로그에도 첫 공식 포스팅이 올라갔다. '맞춤형 솔루션의 강점'을 소개하고, 실제 고객 사례(특허청 관련 자금으로 비용 절감에 성공한 스토리)를 적당히 각색해 게재하니, 예상외로 조회 수가 꽤 나왔다. 온라인에서 구체적 문의까지 이어진 건 아니었지만, 첫걸음치곤 나쁘지 않았다.

영업팀 역시 한결 활발해졌다. 과거에는 주로 아는 거래처에 전화 돌리는 수준이었는데, 이제는 링크를 공유하고, 간단한 세미나 초대장을 만들어 보내는 등 자기들만의 마케팅 아이디어를 시도했다. 김 대표는 하루 두어 건씩 걸려오는 신규 문의에 일일이 답변을 해주며 기쁨을 느꼈다. '아, 진짜로 달라지고 있구나.'

물론 모두가 장밋빛 전망을 확신할 수는 없었다. 경쟁사들도 계속 SNS 홍보나 세미나 이벤트를 열고, 제품 성능을 강화할 테니 긴장의 끈을 놓을 수 없었다. 그러나 중요한 건 회사 내부가 '이대로 머무르지 않겠다'라는 합의를 이뤘다는 점이다.

김 대표는 그 점을 제일 긍정적으로 봤다. '요즘 직원들이 마케팅이니 영업 전략이니, 서로 댓글 달아가며 의논하고 있어. 예전에는 영업은 영업대로, 현장은 현장대로 동떨어져 있었는데….'

결론적으로, 경쟁사의 신제품 공습이 몰고 온 위기감은 오히려 회사 전체에 '한번 움직여보자'라는 결의를 심어줬고, 그 결과 마케팅·영업 전략 재편이라는 또 다른 돌파구를 열게 했다. 내부 인프라를 잘 갖춘 만큼, 이제 외부 시장에서 어떻게 고객을 만나고, 우리만의 스토리를 펼쳐낼지가 관건이었다. 김 대표는 그 과정을 생각하니 꽤 설레고 있었다.

"이번에 제대로 해보자. 더 이상 우물 안에 갇혀 있지 말고, 세상을 향해 나아가면 우리 제품도 통할 거야."

#3

의외의 기회,
해외 문의

내부 정비와 함께 마케팅·영업 전략을 재편하며 새로운 변화를 맞이하던 어느 날, 김정우 대표의 사무실 전화기에 낯선 국제번호가 찍혔다. 평소에는 해외 연락이 거의 없었기에, 직원들은 스팸 전화거나 잘못 걸린 번호일 거라고 생각했다. 하지만 전화를 받은 김 대표가 잠시 대화를 나누더니, 이내 표정이 묘하게 달라졌다.

"대표님, 무슨 일이에요? 아니, 무슨 해외 업체라든지 그런 건가요?"

회계 담당 서은영 과장이 궁금한 표정으로 물었다. 김 대표는 흥분을 억누르며, 살짝 들뜬 목소리로 답했다.

"말레이시아에서 우리 제품에 관심이 있다고 하네요. SNS에서 누가 회사 페이지를 보고 문의했는데, 정확한 건 이메일로 보내준대요."

말레이시아라니. 회사가 창업한 이래로 해외 수출은 구상조차 제대로 못 했었다. 간혹 "해외 진출도 생각해봐야 하지 않느냐"라는 주변 말에 김 대표는 '우리 회사가 그런 역량이 있을까?' 하고 넘기곤 했다. 하지만 최근에 리뉴얼한 홈페이지와 SNS를 통해, 적어도 해외 잠재 고객에게 노출될 가능성이 생긴 것이다.

조금 후, 컨설팅팀 홍수정 컨설턴트가 이메일 인박스를 확인하며 진짜로 말레이시아 업체 이름이 찍힌 메시지를 발견했다. 제목은 "Request for Product Information(고객 맞춤형 솔루션 문의)." 대략적인 내용은, "본사 제품이 특정 공정에서 유연하게 적용될 수 있는지 알고 싶다. 규모가 크진 않지만, 시험적으로 샘플을 받아보고 싶다"라는 취지였다.

홍 컨설턴트는 흥분을 감추지 않고 김 대표에게 "대표님, 이거 진짜 문의 같아요. 스팸은 아닌 것 같습니다. 보니까 어떤 비즈니스 그룹에 소개가 올랐나 봐요"라고 보고했다. 마케팅 채널을 일부 해외에서 접근할 수 있게 설정했는데, 의외의 나라에서 빠르게 반응이 온 것이다.

김 대표는 살짝 혼란스러웠다. "정말 해외 수출 같은 걸 해본 적도 없고, 샘플 보내려면 절차부터 복잡할 텐데…. 그래도 혹시 모르니 답장을 해야겠지요?"

홍 컨설턴트는 당연하다는 듯 "당연하지요. 기회일 수도 있잖아요. 가볍게라도 긍정적으로 답변하고, 혹시 몰라 영어 자료도 준비해봐야겠네요"라고 답했다. 사실 회사는 공식적으로 영어 브로슈어를 만든 적이 없었지만, 최근 리뉴얼 과정에서 간단한 영문 소개 페이지 정도는 구성해두었다.

문제는 해외에 제품을 보내려면 통관 절차나 해외 인증, 운송비 등이 만만치 않다는 사실이었다. 김 대표는 당장 그 부분이 걱정되어 노무·재무 담당자들과 대화를 나눴다.

- "통관할 때 필요한 서류는 어떤 게 있나요?"
- "우리가 국내 인증만 갖고 있는데, 이게 해외에서도 통할까요?"
- "운송비나 세금 등 추가 비용은 누가 부담하는지?"

모두가 난생처음 생각해보는 이슈들이라, 사무실 분위기가 조금 어수선해졌다. 하지만 박선우 경영지도사가 침착하게 말했다.

"대표님, 일단 샘플과 프로토타입 정도라면, 소량 수출 절차로 간단히 할 수도 있어요. 대규모 무역이 아니니 부담이 덜합니다. 또, 이건 실제로 해외 시장이 열릴 가능성을 타진해볼 좋은 기회예요. 저희 네트워크에 무역사나 관세사 알고 있는 분 있으니 필요하면 소개해드리겠습니다."

그 말에 김 대표는 마음이 조금 놓였다. '아예 못 할 일은 아니구나.' 그리고 정책자금을 받아 재정이 어느 정도 안정된 데다, 회사 내부 프로세스도 개선되면서 생산라인 가동의 여유가 생긴 상태였다. "그렇다면 간단히라도 시도해볼까요? 잘되면 해외 첫 진출이잖아요!"라고 의지를 보였다.

추가로 확인한 바에 따르면, 말레이시아 업체 역시 '고성능·고가'를 요구하기보다, '비교적 저렴하고 맞춤형으로 공정에 적용 가능한 솔루션'을 원하고 있었다. 이는 딱 김 대표 회사의 강점과 일치했다. 국내에서도 '가성비와 유연성'을 장점으로 내세웠는데, 해외에서도 같은 논리가 통할 수 있음을 체감한 순간이었다.

홍 컨설턴트는 "아직 샘플 시범 적용 정도면, 글자 그대로 테스트 차원일 거예요. 대규모 주문까지 연결될지는 더 지켜봐야 하지요"라고 냉정히 말했지만, 내심 적잖은 기대를 걸고 있었다. 사장부터 직원 모두, "우리가 해외에 수출한다니"라는 신선한 충격에 가슴이 설렜다. '무역'이란 단어가 남의 일 같았는데, 막상 손을 뻗으면 잡힐 듯 느껴졌다.

그날 저녁, 김 대표가 서 과장과 간단히 업무 마무리를 하고 있을 때, 문득 지난날이 떠올랐다. 한때는 국내 거래처 확보에도 힘겨워했는데, 몇 달 만에 회사 내부 정비와 마케팅을 조금 바꾸었을 뿐인데도 해외에서 연락이 왔다는 사실이 무척 놀라웠다.

서 과장은 "대표님, 예전에 컨설팅팀이 '해외 가능성도 염두에 두자'고 했을 때, 솔직히 비현실적이라 생각했잖아요. 저도 마찬가지였고요. 그런데 아무리 작게라도 문의가 온 거 보니 참 신기하네요"라고 웃으며 말했다.

김 대표도 고개를 끄덕였다. "우리 제품이 해외에서 통할 거라는 생각을 해본 적이 없었어요. 근데 돌아보니, 우리가 가진 '맞춤형'이라는 매력은 외국에서도 필요로 할 수 있는 거잖아요."

이제 중요한 건 작은 문의가 실제로 거래까지 이어질 수 있도록, 회사가 적극적으로 움직이는 일이었다. 당장 준비해야 할 것도 많았다. 해외무역 관련 기본 서류, 표준 계약서, 배송 방법, 그리고 해외 결제까지. 하지만 직원들 사이에서는 "이거 잘하면 해외 전시회도 갈 수 있지 않을까?" "정부 지원 중에 해외 시장 개척 지원 같은 것도 있지 않나?" 등 열띤 아이디어가 오가는 중이었다.

며칠 후, 회사는 메일로 말레이시아 업체와 간단한 사양 협의를 진행했고, 해당 업체는 시제품 1대를 구매해 테스트해보겠다는 의사를 밝혔다. 아직 계약서에 사인하기 전이라 확정된 건 아니었지만, '해외 바이어가 우리 제품을 테스트해본다'라는 사실 자체가 직원들에게 큰 자극이 되었다. 모두가 정신없는 중에도 '해외 첫 납품'이라는 상징을 만들고 싶어, 품질 검사부터 포장 방식, 커뮤니케이션까지 신중히 처리했다.

김 대표는 이미 기본적인 인증 서류나 영문 매뉴얼을 급히 준비하는 등 '1대 납품'에 온 정성을 기울였다. 일부 직원은 "조금 오버스러운 거 아냐?"라며 웃었지만, 김 대표는 "아니요, 앞으로 해외 기회가 더 열릴 수도 있잖아. 이번을 계기로 회사가 해외에도 눈을 뜨면 좋겠어요"라고 답했다. 해외 진출이 바로 성과를 낸다는 보장은 없지만, 회사 확장성과 직원들의 자신감을 끌어올리는 좋은 계기가 될 것 같았다.

한때 경쟁사의 신제품 공습으로 식은땀 흘리던 회사가, 오히려 '해외에서 날아온 작은 문의'를 발판으로 또 다른 돌파구를 모색하게 되었다. 내부 인프라를 다지는 동안 마케팅 채널을 새로 열었고, 그걸 통해 의외의 고객을 만난 것이다. 물론 실제 대규모 수출까지는 넘어야 할 산이 많지만, 적어도 '우리 제품이 해외에서도 통할 가능성이 있다'라는 점을 확인했다는 사실만으로도 큰 자신감이 되었다.

김 대표는 문득, 몇 달 전 밤늦게 사무실에서 혼자 서류를 뒤적이던 기억이 떠올라 쓸쓸하게 웃었다. "그땐 이런 일이 올 줄 상상도 못 했는데…. 이제 정말 회사가 다른 방향을 보고 있구나."

정확히 말해, 회사가 안에서부터 바뀌기 시작하니, 밖에서 들어오는 기회도 새롭게 보였다는 생각이 들었다. 흔히 말하듯, "준비된 자에게 기회가 찾아온다"라는 말이 새삼 맞다는 것을 실감했다.

확실한 건, 이 작은 해외 문의가 대표와 직원들에게 '우리도 해외로 뻗어나갈 수 있다'라는 가능성을 열어주었다는 것이다. 경쟁사의 등장이 시장에 파장을 주었지만, 결국 "우리도 더 큰 무대에서 승부를 보자"라는 동기를 부여했다. 김 대표는 직원들에게 "이번에 잘되면, 우리 회사 명함에 '수출 기업'이라고 적어도 되겠네"라며 농담을 던졌고, 직원들은 킥킥 웃으면서도 내심 그 말이 현실이 되길 바라는 눈치였다.

"이렇게 한 발씩 내딛다 보면, 어느새 더 큰 세상에서 우리 제품이 당당히 자리 잡을 날이 오겠지."

김 대표는 꽉 쥔 주먹을 살짝 들어 올리며 그렇게 다짐했다.

#4

또 하나의 고비, 생산량 문제

경쟁사의 신제품 공습으로 인한 긴장감과 해외 문의로 생겨난 기대 감이 교차하던 어느 날, 회사 내부에서 새로운 고민이 대두되었다. 여러 프로젝트와 마케팅 강화로 주문이 점차 늘어나는 조짐이 보이자, 정작 생산량을 충분히 뒷받침할 수 있을지 불안해진 것이다.

김정우 대표가 주간 미팅에서 "이번에 몇몇 신규 고객을 유치할 가능성이 커졌다"라고 말하자, 현장 책임자 최석현 과장이 복잡한 표정으로 질문을 던졌다.

"대표님, 지금도 공장라인은 사실상 풀가동 상태예요. 노무·인사 체계를 손봐서 주말 특근은 최소화하자고 했잖아요, 주문량이 늘어나면 도저히 현재 인력과 설비로는 감당이 안 될 것 같은데요."

회계 담당 서은영 과장도 "맞아요. 이미 기존 거래처 납기 맞추기도 빠듯한데, 추가 주문이 들어오면 생산 일정이 더 촉박해질 겁니다"라며 염려하는 눈빛을 보냈다. 결국, 내부 시스템이 아무리 좋아지고, 영업이 활발해져도, 정작 공장에서 물량을 소화하지 못하면 '막판 병목'이 발생해 납기 차질이나 직원 과로가 불가피해진다.

사실 이 문제는 완전히 예견 못 했던 건 아니었다. 컨설팅 과정에서 생산 공정 담당 최규현 팀원이 설비 배치를 개선하고 공정 효율을 높이는 작업을 진행 중이었지만, 그건 어디까지나 현 라인에서 일정 부분 생산성을 올리는 수준이었다. 회사 전체 매출이 갑자기 많이 늘어나면, 그만큼 추가 라인 투자나 인력 충원이 뒤따라야 할 수도 있었다.

재무 담당 류성민 팀원은 이 점을 지적했다.
"대표님, 기존 설비를 재배치한다고 해도 한계가 있을 텐데요. 추가 라인 하나 마련하려면 기계 구입비·설치비가 만만치 않지요. 지금 확보한 정책자금 중 일부를 이쪽에 투입하는 건 어떨까요? 아니면 은행 대출을 추가로 활용하는 방안도 있고요."

김 대표는 살짝 난감한 표정을 지었다. "인증 준비, 마케팅 등 할 일이 많은데, 여기에 큰돈을 쓰면 자금 운용이 또 복잡해지겠지요. 하지만 과감하게 투자해야 하는 시점일 수도 있고…."

컨설팅팀 박선우 경영지도사가 차분하게 중재에 나섰다. 지금 주문이 늘어날 조짐이 분명해도, 얼마나 지속할 수 있을지 모르는 상황에서, 무턱대고 설비 라인부터 확장하면 리스크가 커진다는 것이다.

"대표님, 일단 단기적으로는 지금 공정 효율화를 최대치로 끌어올리지요, 주말 특근도 제한적으로 활용할 수밖에 없을 겁니다. 하지만 장기적으로 주문이 꾸준히 늘 확신이 생긴다면, 그때 바로 추가 설비 투자를 결정하면 어떨까요?"

김 대표는 고개를 끄덕이며 "맞아요. 수요가 폭발적이라면야 당장 투자도 고민해야겠지만, 혹시 반짝 증가에 그치면 어쩌나 싶긴 해요"라고 했다. 직원들도 "우리 제품이 아직 해외 시장 진출 여부도 불확실한데, 확장부터 하는 건 부담이 되지요"라며 동의했다.

홍수정 컨설턴트는 "그래도 만약 해외 납품이 본격화된다면, 그쪽 물량을 뺄 공장 라인이 필요해질 수도 있어요. 차선책으로 외주 생산이나 협력사와 협업을 검토해볼 수도 있겠어요"라고 아이디어를 냈다. 이에 김 대표는 "가능하지요. 우리 설비만으로는 부족하면, 일부분을 외주로 돌려야 할 수도 있겠네요"라며 수긍했다.

회사 내부가 바삐 돌아가는 와중에, 노무 전문가 이서윤 컨설턴트가 한마디를 보탰다. "대표님, 주말 특근을 줄이는 방향으로 가자고 해놓고, 생산량이 부족하다고 바로 예전처럼 주말 풀가동으로 돌아가면 직원들 사기가 떨어질 겁니다. 갈등 재발 가능성도 있고요."

김 대표는 그 말을 듣고 작게 한숨을 내쉬었다. "맞습니다. 직원들에게도 '회사 체질 개선하겠다, 주말 특근 최소화한다'라고 약속해놓았는데, 주문이 조금만 늘어난다고 전처럼 몰아붙이긴 곤란하지요."

결국, 근본 대책이 필요하다는 결론에 도달했다.

1. 단기 : 현 라인을 효율화하고, 불가피한 경우 일부 주말 근무를 임시로 허용. 대신 근태·임금 체계를 정확히 적용한다.
2. 중·장기 : 주문 흐름을 관찰, 안정적인 매출 증가가 보이면 설비 추가나 외주 협력을 본격화한다.
3. 조기 경보 시스템 : 주간 미팅에서 생산 부문이 '우리 이번 주 예약 생산량이 한계치'라고 공유하면, 영업·현장·관리부가 함께 스케줄을 재조정하고, 직원들과도 사전합의를 거친다.

간단한 플랜을 정리해놓고 나자, 회의실 분위기는 조금 나아졌다. 최 과장도 "음, 단기·중장기로 나눠 생각하면 명확하긴 하네요. 일단 저희 현장에서 어디까지 할 수 있는지 한도를 잡아보고 공유할게요"라고 적극적 태도를 보였다.

김 대표는 그 모습에 안도하면서도, 은근히 찜찜한 마음이 들었다. 주문이 늘어나는 건 기쁜 일이지만, 생산 능력의 한계가 언제 터질지 모르는 시한폭탄 같았다. 예전에 회사가 한창 잘나갔을 때, '매출은 오르는데 현장 혼선이 커져 품질관리나 납기 측면에서 어려움을 겪다가 내리막을 탔던 기억'이 떠올랐다.

그때 박 경영지도사가 회의 막판에 위로 섞인 발언을 했다.
"사실 중소기업이 성장기 때 꼭 겪는 고비 중 하나가 '생산 능력 부족'입니다. 외주 주거나 추가 투자 등 여러 방면으로 준비하면 됩니다.

너무 불안해하진 마세요. 이 문제 역시 '문제 발생 → 대화와 조율 → 점진적 해결'이라는 흐름을 잘 지키면 됩니다."

그 말에 김 대표는 희미하게 웃었다. "그렇지요. 우리가 내부 갈등 같은 문제도 어떻게든 해결해왔는데, 이 문제도 팀이 협력하면 길이 나오겠지요."

노무·마케팅·재무 담당자가 한 목소리로 말했다. '주간 미팅'이 여기서도 핵심이 될 것이며, 생산 현장에서 언제 어느 정도 주문이 들어오는지, 직원 스케줄이 어떻게 돌아가는지 실시간으로 공유해주면, 그때그때 조정이 가능하다는 뜻이었다.

김 대표는 기억해냈다. 불과 몇 달 전까지만 해도 대표와 영업 담당만 알고 있던 판매 전망, 생산 현장만 파악하고 있던 실제 공장 상황 등이 서로 엇갈려 큰 혼선이 발생했던 시절이 있었다. 이제는 주간 미팅이나 제안 제도를 통해 빠르게 공유하고, 정책적으로 대응할 수 있는 구조가 생긴 게 다행이라고 느꼈다.

"좋아요. 그럼 우선 이번 주부터 구체적인 생산량 모니터링을 해봅시다. 영업팀은 예상 주문량을 최대한 빨리 알려주고, 현장은 그 정보를 토대로 하루하루 생산 여유를 파악하는 식으로 말입니다."

그가 입을 다물자, 직원들이 "네, 알겠습니다" 하고 화답했다. 어차피 모든 문제를 단번에 해결할 순 없지만, 각 부서·팀이 한 테이블에서 함께 기획한다면 위험을 줄일 수 있다.

그날 늦은 밤, 김 대표는 사무실에서 홀로 생산라인 현황을 다시 살폈다. 직원들과 함께 공정 효율화를 추진하고, 노무·조직 관리를 업그레이드해 이제야 체질이 달라지기 시작했는데, 예상치 못한 상황이 터지니 또 다른 성장의 갈림길에 서 있는 느낌이었다.

하지만 마음 한쪽에는 묘한 의욕이 차올랐다. '만약 정말 주문이 꾸준히 늘어나서 라인 확장이 필요한 시점이 오면, 그때는 우리가 더 성장할 수 있다는 뜻이겠지'라는 생각이 들었다. 문제만 아니라 기회가 함께 찾아온 셈이었다.

예전처럼 혼자 밤샘하며 고독을 견디기보다는, 이제는 함께 머리를 맞대고 해결 방안을 찾는 팀이 있다는 사실이 그를 든든하게 했다. '내일 주간 미팅에서, 생산 효율과 노무 일정 겹치는 부분을 더 구체적으로 잡아야지'라고 다짐하며 문을 나서는 길, 김 대표는 문득 생각했다.

'앞으로 더 큰 문제도 만날지 모르지만, 팀이 단단해졌으니 이 정도 고비는 넘을 수 있겠지.'

회사는 외부 시장 경쟁부터 내부 생산 한계까지 끊임없는 도전에 직면하지만, 이번에도 '대화와 실행'을 통해 돌파구를 찾으리라는 확신이 그를 한결 가볍게 만들었다.

#5

사업가의 눈을 뜨다

한동안 문제와 기회가 교차하는 혼란스러운 상황을 겪어온 김정우 대표는, 어느 날 문득 사무실 창가에 서서 주변 풍경을 바라보다가 묘한 깨달음을 얻었다. 불과 몇 달 전까지만 해도, 회사가 자금난에 시달리고 조직 관리가 엉망이었던 시절에는 당장 눈앞의 서류만 처리해도 벅찼다. 그런데 지금은 자금·노무·인증·마케팅 등 온갖 영역에서 동시에 움직이면서, 오히려 더 넓은 세상을 바라보게 된 느낌이었다.

김 대표는 최근 들어 달라진 자기 생각들을 차근히 떠올려봤다. '예전에는 '내가 어차피 한계가 있는 사람'이라며 자신을 묶어두었는데, 이제는 '이것도 해보자, 저것도 해보자'라며 한계를 깨고 있구나.'

마침 사무실 안팎으로 분주한 직원들이 보였다. 현장팀은 공정 효율화 시범을 조금 더 확대해보고자 이리저리 움직였다. 영업팀은 새로 확보할 고객 리스트를 점검하며 온라인 대응 방식을 고민하는 중이었다. 컨설팅팀 역시 '이제 내·외부가 어느 정도 안정됐으니, 더 큰 비즈니스 모델을 상상해볼 때'라며 여러 아이디어를 제안하고 있었다.

점심 무렵, 노무 전문가 이서윤 컨설턴트가 웃으며 다가왔다.

"요즘 대표님 모습을 보면, 단순히 사무·현장 일만 처리하는 게 아니라, 정말 사업 전략을 고민하는 경영인 같다니까요."

김 대표가 당황한 듯 웃으며 "예전에는 그냥 버텨야겠다는 생각밖에 없었지요. 이제야 조금씩 미래 설계랄까, 사업 방향 같은 걸 보게 되네요. 그래도 아직 갈 길이 멀어요"라고 답했다.

이 컨설턴트는 고개를 저었다.

"아직 갈 길이 멀어도, 이렇게 '사업가의 관점'으로 본다는 게 중요하잖아요. 조직도, 자금도, 마케팅도 다 연관 지어 생각하시는 거니까요."

그녀가 말하자, 김 대표는 다시금 깨달음을 느꼈다. 과거에는 부서와 부서, 일과 일이 따로따로 돌아갔지만, 이제는 모든 게 연결된 하나의 시스템으로 보인다는 것이다.

최근 회사에 몰려든 사건들을 곱씹어보면, 사실 하나하나가 서로 맞물려 있었다. 생산량이 충분치 않으면 납기 문제가 생기고, 직원 노무·인사 체계가 탄탄하지 않으면 갈등이 생겨 정작 품질 관리를 못 한다. 경쟁사의 신제품이 나오면, 내부 프로세스와 외부 영업 전략이 함께 움직여야만 대응할 수 있다.

김 대표는 이 과정을 체득하면서, 무언가를 깨달았다. '결국, 사업이란, 여러 가지 요소(자금·생산·인력·홍보)가 통합적으로 굴러가야 하고, 사장은 그 흐름을 전체적으로 아우르는 사람이구나.'

과거에는 '모든 걸 대표가 직접 알아봐야 한다'며 몸을 갈아넣었지만, 이제는 직원 각자가 능동적으로 아이디어를 내고, 컨설팅팀이 전문 분야를 지원하니, 대표로서는 전략적 큰 그림을 잡는 데 집중할 수 있었다. 김 대표는 이 사실이 곧 '사업가의 눈'이라는 걸 실감했다.

그날 늦은 오후, 직원 몇 명이 퇴근을 서두르고 있었는데, 박지연 씨가 갑자기 김 대표에게 말했다. "대표님, 요즘 정말 대단하시네요. 저도 사실 언젠가는 작은 사업이라도 해보고 싶어서, 대표님이 어떻게 일하시는지 지켜보고 있어요."
김 대표는 머쓱해 "내가 대단하긴…. 회사가 계속 불완전하고, 정신 없잖아"라며 웃었다.

하지만 박지연 씨는 고개를 흔들었다. "그래도 대표님이 전부 다 아시거나 일일이 지시하는 게 아니라, 사람들을 엮어 함께 움직이게 하시는 게 신기해요. 우리가 전에 갈등이 있었을 때도, 결국 대화 테이블을 열어주셨잖아요. 그때 느꼈어요. '아, 대표라는 건 이런 역할이구나' 하고요."

김 대표는 그 말에 가슴이 두근두근했다. 자신도 '과연 이게 대표의 역할인가?' 의문이 많았다. 그렇지만 직원이 그런 식으로 긍정적 평가를 하는 걸 보니, 아무래도 성장을 이루고 있긴 하다는 생각이 들었다.

'내가 진짜 사업가로 거듭나고 있나?' 하는 작은 기대감이 마음속에 싹텄다.

예전의 김 대표라면, '대표(사장)'란 그저 모든 위험을 혼자 짊어지고 불안에 떠는 존재였다. 하지만 이제는 조금 달랐다. 경영지도사와 컨설팅팀, 그리고 직원들이 함께 논의해 문제를 풀어가고, 갈등이 터지면 노무·인사 제도 개선으로 대응하며, 새로운 시장이 보이면 마케팅 전략을 수립하는 식이었다.

결국, 김 대표가 할 일은 크게 두 가지였다.

1. 방향성 : 회사가 어디로 가야 하고, 어떤 서비스를 만들어내는가.
2. 결단과 책임 : 주요 이슈(인력·재정·설비 투자)에 대한 최종 결정과 결과 책임

이 점을 깊이 깨닫는 순간, 김 대표는 자신이 예전처럼 허둥대거나 소모적인 작업에 매몰되지 않게 되었음을 느꼈다. "나도 드디어 '사업가의 눈'을 뜨고 있구나. 그동안 외롭고 막막했지만, 지금은 함께할 사람들도 있고, 훨씬 전략적으로 일하네." 이런 깨달음이 그를 무척 가볍고 자유롭게 만들었다.

어느 밤, 사무실에서 혼자 서류를 정리하던 김 대표는, 최근 몇 달간의 변화를 머릿속에 펼쳐봤다.

- 정책자금으로 자금 숨통이 트이고, 컨설팅 계약으로 경영 전반을 재정비
- 노무·인사 체계를 다듬어 직원 갈등을 해소하고, 생산 공정 효율화도 시도
- 경쟁사 신제품이라는 위협에, 마케팅·영업 전략을 새로 짜고, 의외의 해외 문의
- 이제 생산량 문제라는 새 과제에 맞닥뜨린 상태

돌이켜보면 끊임없이 문제와 기회가 교차하며, 회사가 크게 바뀌었다. 김 대표는 그 흐름 속에서 '사업가로서 큰 그림과 실행을 병행하는 방법'을 조금씩 체득했다는 걸 느꼈다. 이제 정말 '사업'이라는 게 보이기 시작했다고 할까. 자신을 스스로 단순히 '직원보다 조금 권한이 더 큰 사람'쯤으로 여겼던 과거와 달리, 비전을 제시하고, 사람을 조직하며, 끝까지 책임지는 자세를 가지게 된 것이다.

'아직도 부족하지만, 이제는 나도 '사업가'라고 자부해도 되려나?'

김 대표는 미소를 머금으며 곤히 자고 있을 가족들을 떠올렸다. 내일이면 또 회사에 새 과제가 닥칠지 모르지만, 지금은 그게 두렵지 않았다. 오히려 설렘에 가까웠다. 팀워크와 전문 컨설팅의 뒷받침, 자금과 조직문화의 개선 덕분에 '이 정도 문제는 해결할 수 있다'라고 믿게 되었기 때문이다.

그렇게 생각하니, 다가오는 도전들을 떠올리는 것만으로도 가슴이 뛰었다. 마치 정말 '이제는 한 사업가로서 새로운 눈을 떴다'라고 느껴

지는 순간이었다.

"그래, 힘들긴 하겠지만, 더 큰 목표도 세워볼 수 있겠지. 내일 주간 미팅 때 한번 직원들에게도 밝혀볼까?"

김 대표는 혼잣말로 중얼거리며 웃었다. 그리고는 천천히 서류를 마무리하고, 홀로 어둑한 사무실을 떠났다. 며칠 후면 회사의 방향성을 정리한 간단한 로드맵을 전체 직원들 앞에서 제시할 생각이었다. '사장 혼자 남몰래 고민'이 아닌, '모두가 함께 보는 비전'으로 만들어갈 참이었다.

'내가 정말 '사업가의 길'을 걷고 있구나.' 그 한 문장이, 창밖 도심 야경 속에서 은은하게 빛나는 듯했다.

PART

08

다시 쓰는 미래,
그리고
계속되는 이야기

#1

안정과 확장,
두 갈래 길

　김정우 대표가 자신을 스스로 '이제는 정말 사업가가 되어가고 있다'라고 느끼기 시작할 무렵, 회사 안에서도 미묘한 변화의 흐름이 감지되었다. 내부 체계가 어느 정도 자리를 잡으면서, 직원들 사이에서 '앞으로 우리 회사가 어디까지 갈 수 있을까?'라는 궁금증이 자연스럽게 일어났기 때문이다.

　업무나 조직문화 면에서는 꽤 안정적 기틀이 마련되었고, 정책자금·인증·마케팅까지 한 바퀴 돌았지만, 정작 '이 상태로 계속 갈 것인가, 더 큰 확장을 꿈꿀 것인가'라는 질문은 아직 명확히 답하지 못했다. 김 대표와 컨설팅팀, 직원들 모두 이 두 가지 길 사이에서 고민을 거듭하고 있었다.

　어느 화요일 오전에 주간 미팅에서, 경리·회계 담당 서은영 과장이 조심스럽게 말했다. "대표님, 지금 회사 매출 흐름이 꾸준히 오르고 있고, 기존 거래처도 만족도가 높다고 해요. 너무 무리하게 외연을 확장하기보다는, 이대로 안정적으로 운영하는 것도 좋지 않을까요?"

그 말에 몇몇 직원이 고개를 끄덕였다. 실제로 예전처럼 자금 압박이 심하지 않고, 직원들의 주말 특근도 많이 줄어든 상태라 '이대로 쭉 이어가면 좋겠다'라는 공감이 있었다. 정책자금 활용 덕분에 재정도 한결 여유가 생기고, 조직 관리가 원활해져서 사내 분위기가 밝아진 것은 사실이었다.

김 대표는 살짝 웃으며 서 과장의 시선에 답했다. "맞아요. 저도 한때는 '이 정도면 괜찮다'라고 생각했어요. 그런데 우리가 지금까지 해결해온 문제들을 돌아보면 가만히 있으면 다시 정체되거나, 경쟁사에 밀릴 수도 있겠지요."

옆에서 박선우 경영지도사가 거들었다. "주변 시장이 계속 움직이는 한, 그대로 정체되는 건 안정이 아니라 또 다른 위험으로 변할 수 있습니다. 나름의 확장 로드맵을 미리 그려두는 게 좋을 것 같아요."

특히 마케팅 담당 홍수정 컨설턴트가 마이크를 잡고 이야기하자, 주간 미팅 자리 공기가 조금 달아올랐다. "대표님, 최근에 해외 샘플 문의가 들어왔잖아요. 물론 한두 번으로 끝날지 모르는 일이긴 하지만, 만약 반응이 좋으면 추가 주문이 올 수도 있어요. 게다가 국내 대기업 2·3차 벤더 라인을 노크해볼 수도 있고요."

이에 최석현 과장이 약간 걱정스러운 목소리로 말했다. "설비나 인력이 충분할까요? 지금도 겨우겨우 맞추고 있는데, 더 큰 주문이 들어오면 또다시 직원들 주말 근무가 늘어나겠지요."

노무 담당 이서윤 컨설턴트는 "그럼 또 갈등 생길 가능성이 커지고요. 대표님, 자칫하면 노무·인사 체계가 다시 흔들릴 수도 있어요"라는 의견을 냈다.

김 대표는 머뭇거리다, 결심한 듯 입을 열었다. "그렇지요, 확장하려면 리스크가 큽니다. 하지만 저도 이번에 여러 경험을 통해 알았어요. 위기도 있고 갈등도 있지만, 결국 우리가 해결하면서 성장했잖아요. 지금 단계에서 안주하기만 하면, 회사가 또다시 정체될 거예요."

재무 담당 류성민 팀원도 거들었다. "다행히 정책자금이 확보되어 있고, 회사가 노무·조직문화를 잘 다져두었으니, 추가 설비 투자나 외주 협업 같은 방안을 시도해볼 만하지요. 이참에 '안정'을 선택할지, '적당한 범위의 확장'을 선택할지 대표님이 방향을 제시해주시면 좋겠습니다."

이날 미팅은 복잡해 보이지만, 사실 하나의 질문으로 귀결되었다. "회사의 규모를 더 키울 것인가, 아니면 지금 규모를 유지하며 안정화에 집중할 것인가?" 과거의 김 대표라면 무조건 안정 쪽을 택했을지 모른다. 자금·인력·노무 문제를 또 되풀이하기 싫었을 테니까. 하지만 이제 직원들은 '우리도 도전할 수 있다'라는 분위기로 바뀌었고, 사장인 본인도 예전보다 자신감이 생겼다.

중간에 박지연 씨가 조심스럽게 손을 들었다. "전…. 저희가 조금 확장을 시도해봐도 좋다고 생각해요. 실제로 제품이 좋아지고, 고객 반응도 얻고 있잖아요. 만약 대표님과 선임분들이 방향만 잘 잡아주시면,

우리도 더 성장할 수 있을 것 같아요."

그 말에 최석현 과장도 미소를 지으며 "음, 나도 솔직히 '이대로만 가도 되겠지!' 싶었는데… 자꾸 도전해보자는 의견을 들으니까 한편으로는 설레기도 해요. 안주하면 또 뒤처질 수도 있지요."

회의는 그렇게 30분쯤 더 이어졌고, 최종적으로 '지나치게 무리하지 않는 선에서 외주 협업이나 설비 추가 투자를 검토한다'라는 결정에 도달했다. 즉, 안정 + 점진적 확장이라는 '두 갈래 길'을 동시에 구축하려는 전략이었다. 김 대표는 이제 내부가 안정화된 만큼, 어느 정도 체력이 생겼다고 판단했다.

회의가 끝날 무렵, 김 대표는 준비해온 문서를 꺼냈다. "사실 저도 우리 회사가 어디까지 갈 수 있을까 고민을 많이 했습니다. 오늘 이 기회에 간단히 비전 안을 발표하고 싶어요."

직원들이 집중하는 가운데, 그는 다음과 같은 중장기 로드맵을 내보였다.

1. 1년 내 : 국내 시장에서 맞춤형 솔루션 입지를 확실히 굳히고, ISO 인증 완비, 생산 확장(외주 협업) 모델 확립
2. 2년 내 : 해외 진출 본격화, 특정 아시아 시장(말레이시아 등)에서 시범 고객 확보, R&D 강화
3. 3년 내 : 성장에 따라 인력 충원 및 사무·공장 라인 확장, 노무·인사 체계 업그레이드 2차 작업

김 대표는 숨을 고르며 덧붙였다. "물론 계획대로 안 될 수도 있지요. 하지만 이제는 문제 터지면 우리가 해결책을 함께 찾을 수 있으리라 믿어요. 지금까지 그렇게 해왔으니까요."

직원들은 일순간 조용해졌다가, 박수가 터져 나왔다. 박지연 씨가 양손을 마구 흔들며 환호했고, 최 과장과 다른 선임 직원들도 고개를 끄덕이는 모습이었다. 과거에는 '대표님이 뭘 하겠다고 해도 제대로 안 돌아갈 것'이라며 냉소하는 분위기가 강했는데, 이제는 회사가 점차 달라졌음을 다들 체감하는 듯했다.

미팅이 끝나고 혼자 남은 김 대표는 복도에 서서 창밖을 내다봤다. 앞으로 또 어떤 상황이 벌어질지, 정말 성장 로드맵이 순탄하게 갈지 알 수 없었다. 하지만 분명한 건, 내부가 한 층 안정화되고, 직원들이 힘을 합쳐 '한 걸음 더 나아가자'라고 결의한 점이었다.

"이 정도면, 이제는 '우리 회사가 잘될 수 있다'라고 자신 있게 말해도 괜찮겠지."

짧은 독백을 마친 김 대표는 뿌듯한 기분으로 계단을 내려갔다. 정체된 상태가 아니라, 새로운 문을 스스로 열어젖히고, 성장 가능성을 탐색해보는 활력이 사내 전반에 깃든 게 느껴졌다.

안정과 확장, 두 갈래 길 사이에서 완벽한 정답은 없지만, '안정 속에서 확장에 도전한다'라는 절충안을 택하며 회사가 또 한번 성장 모멘텀을 마련하고 있었다. 그 길이 얼마나 험난할지는 모르지만, 팀의 힘으로 충분히 헤쳐나갈 수 있으리라는 믿음이 생긴 순간이었다.

#2

투자 협상,
확신을 얻다

회사가 마케팅·영업 전략을 재편하고, 해외 시험 납품까지 추진하면서, 내부적으로는 성장의 불씨가 확실히 보이기 시작했다. 그러자 주변에서도 "이 회사, 본격적으로 키워볼 만하지 않나?" 하는 말이 오갔다.

어느 오후, 재무 담당 류성민 팀원이 다급히 김 대표 방을 두드렸다.
"대표님, 지역 벤처캐피털 중 한 곳에서 미팅을 요청해왔습니다. 우리가 최근 들어 '맞춤형 솔루션'으로 시장에서 반응이 올라가는 걸 파악했다네요. 정책자금 받았다는 사실도 알고 있고요."

김 대표는 아직 투자를 구체적으로 고려해본 적은 없었다. 하지만 최근 한 달간 주문이 늘고, 미래 확장 가능성을 논의하던 참이라, 추가 투자금이 있다면 회사가 더 빠른 속도로 글로벌 시장이나 설비 확장을 시도해볼 수도 있었다.

"아, 벤처캐피털…. 우린 스타트업이 아니라 제조 중심 중소기업이라 별로 해당 없다고 생각했는데, 의외군요."

"그쪽에서 내실 있는 중소기업이라면 스타트업 못지 않은 성장 가능성이 있다고 생각한 것 같아요"라고 류 팀원이 설명했다.

며칠 뒤, 김 대표는 컨설팅팀 박선우 경영지도사와 함께 VC(벤처캐피털) 사무실을 찾았다. 깔끔하게 차려입은 투자 심사역들이 기다리고 있었고, 미팅룸 안은 잔잔한 재즈 음악이 흐르는 세련된 분위기였다.

처음에는 다소 위축되었지만, 김 대표가 회사의 연혁·제품 특징·정책자금 확보·노무·인사 정비 과정 등을 차근차근 발표하자, 투자 심사역들은 예상보다 긍정적 반응을 보였다.

"중소기업이면 대기업 하청에 의존하거나 단순 가공 업종이 많지만, 대표님 회사는 맞춤형 솔루션이라는 차별점이 인상적입니다. 게다가 조직문화 정비나 인증 준비까지 한다니, 안정성과 성장 가능성을 동시에 볼 수 있겠네요."

VC 측 담당자가 그렇게 말하자, 김 대표는 마른침을 삼키며 '과연 금액이나 지분 요구가 어떻게 될지…' 내심 초조해했다.

약 한 시간쯤 PT와 질의응답이 오간 뒤, VC 쪽이 간단한 제안서를 건넸다. 당장 대규모 투자를 하기는 이른 단계이니, 1차로 소액 지분 투자를 검토해보자는 내용이었다. '회사의 시장 반응을 좀 더 확인한 뒤, 추가 투자도 가능'이라고 언급했다.

김 대표는 심장이 두근거렸지만, 투자 조건을 보니 나름 합리적으로 느껴졌다. 큰 자금을 내놓고 지분을 대거 가져가는 '경영 간섭' 식이 아니라, 성장 가능성을 보고 전략적 파트너가 되고 싶다는 식이었다.

"대표님이 원한다면, 해외 진출과 추가 설비 확장 쪽에도 네트워킹을 연결해드릴 수 있어요"라는 말에, 김 대표는 눈이 반짝였다. 자금뿐 아니라 네트워크·파트너십까지 얻을 수 있다면, 회사가 더 적극적으로 해외나 대기업 벤더를 노크할 기회가 생길 수도 있었다.

VC 사무실을 나온 뒤, 김 대표와 박 경영지도사는 근처 카페에 앉아 가볍게 분위기를 정리했다.

"대표님, 어떠세요? 투자받으면 우리가 계획했던 설비 확장이나 해외 시장 공략이 더 빨라질 거고, 조직도 새롭게 정비할 자금 여유가 생기지요."
그러나 김 대표는 머리를 긁적이며 "좋긴 한데, 지분 일부를 내줘야 하고, 또 일정 부분 간섭이 있을 수도 있지요. '내가 컨트롤을 못 하게 될까' 하는 두려움도 있어요"라며 망설였다.

박 경영지도사는 미소 지었다. "투자는 양날의 검이지요. 대신, 이제 대표님도 눈을 떴잖아요. 회사가 어떻게 돌아가야 하는지. 투자자들이 함부로 흔들기 어려운 기반을 이미 갖추고 있고, 또 우리가 잘 협상하면 기업가치와 지분 비율도 합리적으로 조정 가능해요."
김 대표는 그 말에 고개를 끄덕였다. '우리가 이미 내부 체질을 단단히 다져놓았으니, 외부 투자도 충분히 활용할 여지가 있다'라는 믿음이 싹텄다.

그날 늦은 오후 회사로 돌아와, 김 대표는 주요 직원들을 모아 간단히 보고했다. "이제 투자 유치를 검토할 단계가 왔나 봅니다. 물론 최종 결정은 아직 안 했지만, 제가 만나본 VC 쪽은 꽤 긍정적이었어요."

직원들의 반응은 '혹시 대주주 바뀌어 회사가 흔들리는 건 아닌가?' '우리 몫은 줄어드는 건 아닌가?' 등 불안해하던 사람도 있었지만, 전반적으로 기대가 컸다. "투자금이 들어와서 설비나 인력이 늘면 더 재밌게 일할 수 있지 않나요?"라는 의견도 나왔다.

이서윤 컨설턴트는 "직원들 복지나 훈련 예산도 늘릴 수 있겠네요. 갈등보다는 한 단계 끌어올릴 기회가 될 듯해요"라고 호응했다. 김 대표는 곰곰이 생각하다가, 투자 유치가 이루어지면 직원 성과보상·교육 체계 등도 보강해줄 수 있겠다고 생각했다.

회의를 마친 뒤, 혼자 남은 김 대표는 문득 '확신'이라는 단어가 떠올랐다. 이제 예전처럼 누가 등을 떠밀어서가 아니라, 우리 스스로 더 큰 꿈을 꿀지, 지금 규모로 머무를지를 결정해야 한다. 그리고 이 회사에는 스스로 책임을 질 만한 팀워크와 자금·조직적 토대가 서서히 갖춰지고 있다.

'그래, 투자 유치가 정답일지는 알 수 없지만, 최소한 '문제 터지면

우왕좌왕'하던 때보다는 훨씬 나아졌잖아. 우리가 결정하고 실행할 힘
이 생겼으니.'

그런 생각이 들자, 김 대표는 입가에 희미한 웃음이 맴돌았다. 확장
이란 단어가 예전에는 두렵기만 했으나, 이제는 충분히 도전해볼 만한
기회로 인식되는 자신을 스스로 발견했다.

다음 날, 박 경영지도사가 가져온 이메일에서 "투자 심사역이 간단
한 실사 및 서류 검토를 진행하고, 긍정적이면 본격적인 계약 논의에
들어가겠다"라는 답신이 와 있었다. "대표님, 진짜 움직이시지요?"라는
박 경영지도사의 물음에 김 대표는 흔쾌히 고개를 끄덕였다.

"네, 우리 회사가 그럴만한 가치가 있다고 스스로 확신해요. 그리고
그 확신을 실현해볼 시간이 왔네요."

그 한마디에, 사무실 직원들이 환한 표정을 지었다. 투자 협상, 몇 달
전만 해도 상상조차 못 했던 일이었다. 그동안 온갖 고비를 넘으며 체득
한 노하우와 팀워크 덕분에 이제는 두렵지 않았다. 오히려 '이왕이면 더
멀리, 더 크게 나아가자'라는 희망의 불씨가 피어오르는 순간이었다.

#3

외롭지 않은 대표

정책자금부터 노무 관리, 경쟁사 대응, 인증 준비, 그리고 투자 협상까지. 몇 달 전을 떠올리면, 김정우 대표는 내가 정말 이만큼이나 해냈나 싶어 스스로 놀랄 때가 많았다. 예전에는 모든 책임이 나 혼자 어깨에 얹힌 듯한 느낌에 밤마다 고독했지만, 지금의 회사 풍경은 꽤 달랐다. 경영지도사와의 만남을 기점으로, 컨설팅팀과 직원들이 '함께'라는 가치를 체감하며 이끌어준 덕이 컸다.

그날 늦은 오후, 김 대표는 사무실 밖에서 먼 산을 조용히 바라봤다. 회의가 끝나고 업무가 일단락되어도, 예전 같으면 이 시간에 야근하며 혼자 고민에 잠겼을 텐데, 이제는 대화를 통해 해결책을 찾는 팀이 기다리고 있었다. 사장으로서 '외롭지 않다'라는 기분이 이렇게 큰 힘이 될 줄은 몰랐다.

가끔 직원들이 "대표님, 요즘은 표정이 훨씬 편해 보이세요"라고 말하면 김 대표는 쑥스럽게 웃었다. 외로움이 짓눌렀던 과거를 완전히 떨쳐낼 순 없어도, 늘 누군가와 이야기를 나눌 수 있다는 사실이 정신적인 안정을 주었다.

노무 전문가 이서윤 컨설턴트는 "대표님, 사장도 사람입니다. 홀로 앓지 말고, 저희에게도 어려움을 털어놓으세요. 어차피 갈등이든 경영 문제든 함께 푸는 게 조직력 강화에 좋아요"라고 했었다. 김 대표는 그때 '맞아, 이제 제 문제도 공유해도 되겠구나'라고 생각하며 마음이 편해졌다.

비슷한 시각, 회계 담당 서은영 과장이 다가와 "대표님, 투자가 성사되면 설비 구입이나 외주 협력 중 어느 쪽부터 진행할지 다시 논의해야 해요. 어떻게 정할까요?"라고 물었다. 예전 같으면 김 대표 혼자 밤새 고민하다가, 어느 날 아침 망설이는 결정문을 직원들에게 일방적으로 통보했을 것이다.

하지만 이제는 "이번 주 주간 미팅에서 생산팀, 노무팀, 영업팀 의견 들어보지요. 그리고 컨설팅팀 조언도 받고요"라는 답변이 자연스럽게 튀어나왔다. 서 과장도 "네, 알겠습니다!"라며 밝은 표정으로 돌아갔다. 김 대표는 혼잣말로 "이게 진짜 팀 플레이구나" 하고 미소 지었다.

가장 달라진 건, 직원들 역시 사장을 단순 '마음속 고민을 털어놓기 어려운 존재'가 아니라 '함께 달리는 리더'라고 여기게 되었다는 사실이다. 노무 제도와 제안 제도를 손보면서, 직원들이 사장과 직접 소통하는 일이 늘어났고, 대표도 이를 통해 직원들의 실질적 어려움과 아이디어를 존중하게 되었다.

- 주말 특근을 어떻게 조정할 것인가?
- 공정 효율화에 어떤 장비가 필요한가?
- 인증 작업에서 직원들이 맡을 일은 무엇인가?

이런 주제를 김 대표가 예전처럼 독단적으로 결정하지 않는다. 거꾸로 직원들의 목소리가 결정에 반영되었다. 대표는 최종 방향만 정해주는 구도가 만들어진 것이다. 결과적으로 모두가 '내 일이기도 하고, 대표님 일이기도 하다'라는 공동체 의식을 갖게 된 셈이다.

"대표님, 결정권이야 대표님에게 있지만, 우리 의견을 듣고 방향을 잡아주니까 책임감이 더 생겨요"라고 박지연 씨가 어느 날 귀띔하자, 김 대표는 뿌듯했다. '외로움'이 '함께 하는 책임감'으로 바뀌는 과정이 이렇게 보상감을 주는구나 싶었다.

대표와 직원이 달라진 면은 사소한 순간에서 빛났다. 예전이면 대표가 야근한다고 해도 아무도 신경 쓰지 않았지만, 이제는 "대표님, 너무 늦게까지 안 계셔도 됩니다. 내일 이어서 하시지요"라며 거꾸로 대표를 챙기는 직원들이 생겼다. 경쟁사의 신제품이 터졌을 때도, "대표님이 마냥 고민하기 전에, 우리가 먼저 조사해보고 정리해드릴게요"라고 자발적으로 나서는 모습이 잦아졌다.

김 대표는 그런 날이면 멋쩍은 미소를 지었다. "회사가 제대로 돌아가니까, 대표도 굳이 모든 걸 독박 쓰지 않는구나"라고 실감했다. 물론 최종 결정에 대한 무게는 여전히 사장의 몫이었다. 그래도 그 결정까지의 과정을 이제 혼자서 감당하지 않아도 되니 훨씬 마음이 편했다.

언젠가는 직원들이 회식하며, 은근히 "대표님, 옛날에는 되게 까칠하고 불안해보였어요. 혼자 다 떠안고 사무실에 박혀 계시니까"라고 이야기한 적이 있다. 김 대표가 당황하면서 "그랬나요? 그땐 진짜 외롭고 힘들었거든…" 하고 대답하자, 직원들이 "그래서 지금은 마음 놓고 이야기 걸 수 있어서 좋아요"라며 웃었다.

'어떻게 보면, 나 혼자 가슴 졸이고 있었는데, 직원들도 눈치채고 있었구나'라고 생각하니 자신도 모르게 울컥했다. 그들이 배려해주고 싶었어도 얼마나 기회가 없었을까 하는 생각이 들었다. 결국, 회사의 대표가 마음의 문을 닫으면, 직원들도 다가가길 주저하게 된다. 이제는 다르다. 대표가 외롭지 않으면, 직원들도 편하게 대표를 대한다는 사실을 몸소 깨닫게 된 것이다.

어느 날, 박 경영지도사가 사무실 로비에서 김 대표에게 다가와 "대표님, 회사가 좋은 방향으로 잘 가고 있는 듯합니다. 결국, 대표님이 외로워지지 않게끔, 조직을 진짜 팀으로 만드는 게 핵심이었지요"라고 말을 건넸다. 김 대표는 씩 웃으며 "맞아요. 문제 터질 땐 정말 힘들었는데, 되돌아보면 다 같이 해결해왔다는 게 쌓여서, 이제는 어떤 문제든 겁나지 않아요"라고 했다.

대표로서 외로움과 고독이 완전히 사라진 건 아니지만, 더 이상 마음속 불안으로 밤을 지새울 일이 줄었다. 직원들의 협조와 컨설팅팀의 전문성, 그리고 스스로 깨달은 '사업가의 눈'이 함께 어우러져 어려움을 극복하는 프로세스가 안착했기 때문이다. 회사가 정체되지 않고 지속적으로 성장할 수 있으려면, 사장이든 직원이든 '외롭지 않은 구조'가 필수라는 것을 그는 분명히 깨달았다.

그날 밤, 회사 정문을 나서는 길에, 김 대표는 '이제 우리 회사를 뭐라 부를까'라는 생각을 했다. 한때는 소규모 제조업체라서 대단한 꿈을 못 꿨고, 힘들 때마다 사장 혼자 애쓰는 구조였다. 하지만 지금은 '내부 팀, 외부 전문 컨설턴트, 직원들이 마음을 나누는 문화'를 이뤄, 지속적인 발전이 가능한 '함께 하는 조직'으로 변모해가고 있다.

머릿속에 스쳐 지나가는 수많은 에피소드가 지나갔다. 정책자금, 노무 갈등, 생산 병목, 해외 문의, 경쟁사 신제품 등 이런 문제들이 '외롭지 않은 대표'가 되어가는 자양분이었음을 깨닫는다. 지금도 문제는 끊임없이 생기지만, 그 문제를 혼자가 아닌 '우리'가 품고 해결하려고 달려가니, 외로울 틈이 없다.

문득 하늘을 올려다보며, 마치 혼자서 꼭꼭 숨어 있던 시절과 달리, 이제는 사람들과의 대화가 밤을 낮처럼 밝혀준다는 느낌이 들었다.
'그래, 혼자였으면 이미 지쳐버렸을 텐데, 이제는 외롭지 않으니 더 멀리 갈 수 있겠지.'
김 대표는 그렇게 마음속으로 중얼거리며, 다음 날 있을 회의 자료를 떠올렸다. 직원들과 맘껏 이야기할 수 있는 그 회의가, 대표로서 외롭지 않은 가장 큰 증거라는 걸 깨달으며.

#4

미래를 설계하다

회사 내부 체질을 바꾸고, 각종 문제를 함께 해결하며 한층 성장한 김정우 대표와 직원들. 이제는 남은 과제나 새로운 고민도 예전처럼 두렵기보다 설렘에 가깝게 느껴지는 상황이었다. 마치 한 단계씩 계단을 올라오며 체력을 비축한 주인공이, 더 넓은 무대로 뛰어들 준비를 하는 기분이었다.

어느 날 오후, 주간 미팅을 마치고 컨설팅팀과 간단한 티타임을 갖던 중, 재무 담당 류성민 팀원이 조심스레 화두를 꺼냈다.

"대표님, 이제 노무·인사, 자금, 인증, 마케팅…. 거의 한 바퀴 돌아 왔잖아요. 물론 현안도 있지만, 다음 미래를 위해 구체적으로 움직여볼 만한 게 있을까요?"

김 대표는 살짝 미소 지었다. 사실 이미 머릿속에 구상이 어느 정도 잡혀 있었다. 이참에 해외 수출 가능성을 본격적으로 타진하고, 추가 설비나 투자 협상도 긍정적으로 받아들이며 회사를 한 단계 키울 계획을 세워보는 중이었다.

"저도 고민 많이 했어요. 회사가 이 정도로 정착한 뒤, 한동안 안주해도 괜찮을지, 아니면 확 도전해야 할지. 그런데 결론은 나름 '어느 정도 부딪혀봐야겠다'라는 쪽이더라고요."

류 팀원과 박선우 경영지도사 등은 반가운 표정으로 "그럼 마침내 확장 기조로 가시는 건가요?"라고 물었다. 김 대표는 고개를 끄덕이며 손에 든 메모장을 펼쳤다.

메모장에는 주간 미팅 때 밝혔던 1년 내, 2년 내, 3년 내 로드맵보다 한 단계 더 구체화된 계획이 적혀 있었다.

1. 해외 채널 강화
  - 말레이시아 업체 시범 납품을 마중물로 삼아, 주변 동남아 국가도 단계적으로 탐색
  - 해외 전시회·온라인 플랫폼 참가
  - 필요한 경우 소규모 현지 파트너십도 검토

2. 투자 유치·설비 확장
  - VC 협상에서 지분율·경영 간섭 범위 등을 조정, 양쪽이 윈윈할 수 있는 조건을 마련
  - 자금이 확보되면 새 라인 설비나 외주 협업 네트워크 구축에 투입

- 직원 복지·교육비도 증액해 '우리가 성장할수록 직원들도 함께 발전한다'라는 문화 확립

3. 조직 업그레이드 2.0
- 노무·인사 체계를 한번 더 고도화해, 성과 평가와 승진 기준을 명확히 하고, 리더십 교육을 시행
- ISO와 이노비즈 등 인증을 연동해 회사 신뢰도 상승, 대기업· 공공 납품에도 도전

"이제부터는 우리가 회사를 '더 큰 무대'로 옮기는 작업을 시작해야 해요. 물론 서서히, 무리하지 않게요."

김 대표는 말끝을 흐리며 직원들의 표정을 살폈다. 모처럼 구체화된 미래 설계를 듣고, 다들 호기심 가득한 얼굴이었다.

"말레이시아 그 회사가 잘됐으면 좋겠네요!"

"투자가 잘 성사되면, 우리 공장라인도 업그레이드되는 거잖아요?"

"노무 체계 2.0이라니, 벌써 기대되는데요."

회의실에서 터져나온 반응들은 대부분 긍정적이었다. 물론 우려가 전혀 없는 건 아니었지만, 과거와 달리 '우리가 또 해낼 수 있지 않을까?' 하는 자신감이 흘렀다.

과거 같으면 이런 계획을 대표 혼자 머릿속에서 그려놓고, 어느 날 "자, 이렇게 하자!" 하고 일방적으로 선언했을 것이다. 하지만 이제는 달라졌다. 주간 미팅과 제안 제도를 통해, 직원들이 함께 로드맵을 공

유하고 의견을 내는 구조가 안착했다.

　김 대표는 "이건 여러분하고 같이 만들어가는 그림이에요. 한동안은 조직이 정신없이 바쁠 겁니다. 설비 확장하면 생산팀·노무팀 모두 고생할 거고, 해외 쪽은 마케팅·영업이 분주하겠지요. 그렇지만 다들 '왜 이 일을 해야 하는지, 어떻게 진행되는지' 정확히 알 수 있도록 소통하겠습니다"라고 천천히 말했다.

　직원들이 초롱초롱한 눈으로 고개를 끄덕였고, 몇몇은 이미 한두 마디씩 의견을 던지기 시작했다. "대표님, 해외 상담 메일을 통합 관리할 툴 같은 건 어떠세요?" "설비 확장이라면 외주사 미팅도 동행하고 싶습니다" 등. 김 대표가 "좋아요, 의견들 모두 정리해봅시다"라고 받으니 화기애애한 기운이 감돌았다.

　미팅 뒤, 김 대표가 혼자 커피를 마시고 있는데, 오래된 직원 최석현 과장이 다가와 한마디 건넸다.

　"대표님, 예전에는 회사가 '대표님 혼자 회사를 키우고, 직원들은 그냥 따라가는' 느낌이었는데, 이제는 우리가 정말 모두 키우는 기분이 들어요."

　김 대표는 컵을 들어 가볍게 건배 동작을 취하며 미소 지었다.
　"고맙네요, 최 과장님. 저도 이렇게 전사적인 공유가 좋은지 잘 몰랐어요, 지금 보니 직원들이 책임감을 느끼고 함께 노력하니까 훨씬 큰 힘이 되네요."

최 과장은 "맞아요. 예전에는 사장님이 일방적으로 '잘될 거다, 버티자'라고 하면, 우린 그저 소모되는 느낌이었는데, 이제 어떤 미래가 올지 우리도 적극적으로 짐작하고 대비하니까 안정감이 들어요"라고 말했다.

두 사람은 잠시 마주 보며 흐뭇하게 웃었다. 미래를 설계하는 과정이 사장만의 특권이 아니라, 직원들도 체감하고 기여하는 과정으로 변했다. 그것이 곧 회사가 앞으로 어떤 도전에 맞서도 단단하게 버틸 수 있는 기반이 될 듯했다.

회사 한편에 붙은 화이트보드에는 "1년·2년·3년 계획"이 간단한 도표로 표시되어 있었다. 김 대표가 직접 손글씨로 작성했지만, 이제는 직원들이 의견을 적어붙이며 함께 키워가는 그림이 되었다. '해외 전시회 참가 일정'이 새로 추가되고, '직원 교육 예산'이 부연으로 붙고, '설비 확장 시기'를 놓고는 부서를 색깔로 표시해 토론이 벌어지는 식이었다.

노무 전문가 이서윤 컨설턴트가 그것을 보며 "대표님, 이게 곧 우리 회사의 미래 로드맵 그림이 되겠네요"라며 감탄하자, 김 대표는 곧바로 "네, 그리고 혹시 더 적을 거 있으면 언제든 적어주세요"라고 답했다. 정보가 회사의 대표 책상에만 머무는 것이 아니라, 온 사무실 공용 보드에 공개된다는 것, 이는 전과 180도 다른 풍경이었다.

주말 무렵, 일과를 마치고 사무실 전등을 끄려다 말고, 김 대표는 화이트보드를 한번 더 눈에 담았다. 몇 달 전만 해도 프롤로그처럼 고독한 야근을 하며 "내일 어떻게 버티지?"라고 생각했는데, 이제는 '1년 뒤, 2년 뒤 회사 모습'을 구체적으로 상상하고 있었다.

'하나씩, 우리가 이뤄나가면 되겠지. 이렇게 조직이 함께 움직이면, 못할 건 없을 거야.'

떠오르는 많은 시나리오 중에는, 실패하거나 궤도 수정을 해야 할 것들도 분명히 있겠지만, 그 또한 '팀이 함께'라면 겁나지 않았다. 이제는 회사가 "혼자 걷는 사장"이 아닌, '함께 미래를 설계하고 성장하는 단단한 조직'이 되었으니까.

김 대표는 마치 학교 앞 전시회 작품을 들여다보듯 정성 어린 눈길로 화이트보드를 살폈다. 인증 로고, 해외 지도, 새 공장 라인 스케치 등 직원들이 붙여 놓은 그림까지 붙어 있어서, 이게 회사 계획표인지 아트 월인지 모를 정도였다.

"그래, 이렇게 좋은 분위기가 계속되겠지. 아니, 더 새로운 문제도 생기겠지만, 우리가 이겨낼 거야."

그렇게 중얼거리며 문을 닫는 순간, 이미 여러 마디로 써 붙인 '미래 로드맵'이 마음속 깊이 각인되었다. 대표로서, 아니 한 명의 사업가로서, 앞으로 다가올 도전을 즐길 준비가 되어 있다는 확신이 솟구쳤다.

#5

혼자가 아니기에

며칠 뒤, 회사 정문에 들어서는 김정우 대표의 걸음걸이는 놀랄 만큼 가벼웠다. 건물에 달린 간판부터 사무실 한가운데 놓인 탁자까지, 모든 풍경이 예전과는 다르게 활기차 보였다. 복도에서 마주치는 직원들은 환하게 인사를 건네고, 현장 근로자들은 작업 진행 상황을 수시로 보고하며 웃음을 띠고 있었다.

"대표님, 오늘 출고하는 제품들도 차질 없이 마무리될 것 같습니다!"

생산 현장을 지나가자, 오래된 직원 최석현 과장이 먼저 외쳤다. 마치 응원하는 듯 힘찬 목소리였다. 뒤편에서는 박지연 씨가 "혹시 공정 중 추가로 불편한 점 있으면 제안함에 남겨주세요!"라며 최 과장과 자연스럽게 소통했다. 둘은 불과 몇 달 전만 해도 서로 의견 충돌을 빚곤 했지만, 이제는 한 팀처럼 움직이고 있었다.

사무실 문을 열고 들어서니, 재무 담당 류성민 팀원이 "대표님, 투자 협상 쪽 서류가 도착했어요. 검토하시지요!"라며 활기차게 인사를 건넸다. 서은영 과장은 옆에서 "우리가 준비해둔 자금 활용 계획표랑도 매칭시켜보면 좋을 것 같아요"라고 거들었다. 이토록 부서 간 대화가 활발하고, 사장을 중심으로 모두가 방향을 맞춰 가는 모습은 예전에는 상상하기 어려웠다.

건물 복도에는 '중소기업 우수사례 발표' 사진들이 붙어 있고, 주간 미팅 알림판에는 직원들이 새로 제안한 아이디어들이 빽빽이 적혀 있었다. 한 직원은 지나가다 김 대표를 향해 "대표님, 이거 또 문제가 생긴 것 같은데 오늘 미팅에서 의논하면 될까요?"라고 말했는데, 전혀 긴장하거나 눈치 보지 않는 태도였다. 문제 자체는 끊임없이 생기지만, 함께 해결책을 모색할 수 있다는 믿음이 형성되어 있기 때문이었다.

김 대표는 사무실 창가에 잠시 서서, 한번 더 회사 전체 풍경을 훑어봤다. 노무·인사 체계를 개편하고, 인증·자금·생산량 문제를 해결하는 동안 직원들은 협력과 성취감을 느끼게 되었다. 경쟁사 신제품 같은 외부 변수도, 이제 회사가 두려움이 아닌 도전으로 받아들이고 있었다.

'우리가 계속 성장해야 하는 건 분명하다, 이제는 혼자 모두 감당하지 않아도 된다.'

과거에는 대표가 모든 부담을 지고 새벽까지 서류에 파묻혀 있었으나, 이제는 직원들의 도움과 컨설팅팀의 조언이 곁에 있다. 다각적인

위기가 여전히 찾아오겠지만, 김 대표는 적어도 더 이상 외롭지 않다고 확신했다.

점심시간이 되자, 직원들끼리 간단히 회식하러 나가자고 삼삼오오 모이기 시작했다. 몇 달 전만 해도 누군가는 기분이 나빴고, 또 누군가는 갈등을 키우며 뒤에서 불만을 토로했었다. 이제는 선임과 신입 구분 없이 모두 같은 테이블에 앉아 웃을 수 있다. 회사 전경도, 사람들 표정도 전보다 환하고 따뜻해 보였다.

김 대표는 조용히 문을 나서며 속으로 다짐했다.

'물론 또 다른 문제들이 생기겠지. 하지만 난 이제 혼자가 아니다. 함께 움직이면, 어떠한 장애물도 이겨낼 수 있다.'

그 한마디가 입 밖으로 나오진 않았지만, 미소로 드러난 표정에 담겨 있었다. 흩어지는 직원들 틈바구니에서, 대표와 사람들이 자연스레 어우러져 움직이는 광경, 이것이 바로 새로운 출발이었다. 어느 때보다 행복하고 확신에 찬 마음으로, 김 대표는 회사 문을 나섰다. 앞으로도 큰 파도가 몰려올 수 있겠지만, 함께라면 넘어설 수 있으리라는 믿음은 이미 깊이 자리 잡고 있었다.

Epilogue

　김정우 대표가 처음 사무실 한구석에서 홀로 밤을 새우던 그날을 돌이켜보면, 모든 게 아득하게만 느껴진다. 자금은 마르고, 직원들은 지쳐 있고, 새벽까지 어두운 사무실에서 '과연 이 회사를 어떻게 살릴 수 있을까?' 고민하던 시절의 기억. 그의 머릿속은 "정말 누군가 대신 고민해줄 순 없나?"라는 간절함으로 가득했다. 하지만 지금은 그 모습이 무척이나 멀게만 느껴진다.

　책 곳곳에 담긴 회사의 변화 과정은 단순히 한두 번의 컨설팅 결과나, 어떤 영리한 전략만으로 만들어진 게 아니다. 거기에는 대표와 직원들이 함께 갈등을 털어놓고, 문제를 드러내고, 시시각각 쏟아지는 과제들을 한 스텝씩 해결해가는 시간이 깃들어 있다.

　노무 문제로 틀어져 있던 직원들의 마음을 달래고, 정책자금이나 인증 절차처럼 복잡한 행정 서류를 한 장 한 장 챙기고, 마케팅과 영업 전략을 짜며 시장의 변화를 기민하게 대응해나가는 일은 절대 한 사람의 힘만으로는 불가능했다. 외부 전문가의 도움을 받으면서, 동시에 대표가 결단력을 발휘하고 직원들이 실무에 열의를 더해준 결과, 지금의 회사가 있게 된 것이다.

무엇보다 이 여정에서 가장 크게 달라진 건, '대표 혼자'라는 고독을 벗어나 '함께 해결하고 함께 성장하는 팀'이라는 분위기가 자리 잡았다는 점이다. 대표가 미리 준비해야 할 부분을 제대로 챙기고, 직원들과 정기적으로 소통하며, 필요하다면 전문가와의 파트너십을 적극적으로 활용한 덕분에 수많은 고민의 돌파구가 열렸다.

과거에는 자금 신청을 번번이 놓쳤지만, 이제는 사내 자료를 투명하게 정리해 컨설턴트와 수시로 협의한다. 직원들이 노무·인사 문제로 불만이 쌓이면, 아침 회의나 제안 제도를 통해 즉시 의견을 모은 뒤, 해결책을 찾는다. 대표도 더 이상 밤을 새우며 모든 문제를 끌어안지 않고, 어느 시점에 외부 도움과 내부 협력을 얻을지 명확히 판단한다.

이 책이 '혼자 끙끙대는 대표(사장)'에서 '함께 뛰는 리더'로 달라진 김 대표의 변화 과정을 보여준 건, 거창한 성공 신화를 들려주려는 목적만은 아니다. 오히려 대부분 중소기업이나 소상공인이 비슷한 고민을 품고 있다는 사실을 공감하고, '어쩌면 나도 이런 과정을 겪을 수 있겠구나' 하는 용기와 아이디어를 전하고 싶었기 때문이다. 사업은 끝이 없는 마라톤이고, 시장의 변수는 끊임없이 생겨난다. 그때마다 대표가 모든 걸 홀로 해결하려 들면, 회사가 또다시 위기에 처할 수밖에 없다.

반면, 회사 내부와 외부의 다양한 자원(직원, 파트너, 상담사, 정부 지원 등)을 적절히 연결하면, 생각보다 빠른 속도로 문제를 타개할 수 있다는 게 이 책의 핵심 메시지다. 그리고 그 과정에서 얻는 가장 큰 보상은, '더 이상 혼자가 아니다'라는 안정감과 함께 갈 때 얻어지는 시너지라는 깨달음일 것이다.

지금, 이 순간도 곳곳의 사장님들은 밤낮없이 고민 중이다. 세무·노무·마케팅·인증·자금 등 업무 리스트가 끝이 없다. 하던 대로 혼자 끌어안고 갈 수도 있지만, 이 책을 읽고 조금이라도 "그래, 나도 이 방법을 써볼까?" 하는 힌트를 얻었다면, 그것만으로도 의미가 있겠다.

'나 혼자만의 노력'으로 완벽하게 돌아가는 사업은 거의 없다. 회사가 커지고 작고를 떠나, 함께한다는 정신을 체득하면, 불가능해 보이던 문제도 의외로 빠르게 풀릴 때가 많다. 김 대표가 위기를 겪으면서 깨달은 가장 소중한 교훈이 바로 그것이다.

마지막으로 이 책을 읽으며 '내 사업도 바꿔보고 싶다'라는 마음이 조금이라도 생겼다면, 스스로 물어보자. "나는 지금 얼마만큼 정보를 공유하고, 직원을 존중하고, 전문가 도움을 받을 준비를 했는가?" 어떤 식이든 답을 찾았다면, 그 답대로 한 걸음 내디뎌보자.

어두워 보이던 사무실도, 직원들과의 갈등도, 시장의 거센 도전도, '함께 가는 팀워크'와 '열린 마음'이 있다면 충분히 극복할 수 있다. 그리고 그 순간, 김 대표가 말하듯, 대표에게도 따스한 빛이 새어들어 "나 혼자가 아니구나"라는 든든함을 깊이 체감하게 될 것이다.

그럼, 이제부터가 진짜 시작이다.

이 책이 전해준 크고 작은 아이디어들이 사업의 다음 발걸음을 더욱 힘 있게 만들어주길, 그리고 중소기업 대표님(사장님)들도 새로운 파트너들과 함께 성장해나가는 기쁨을 선사하길 바란다.
혼자만의 고독을 털고, 함께 도약하는 즐거움을 많은 분이 경험할 수 있기를 진심으로 응원한다.

중소기업 경영 솔루션

제1판 1쇄 2025년 5월 3일

지은이 김경중
펴낸이 한성주
펴낸곳 ㈜두드림미디어
책임편집 이향선
디자인 노경녀(nkn3383@naver.com)

㈜두드림미디어
등 록 2015년 3월 25일(제2022-000009호)
주 소 서울시 강서구 공항대로 219, 620호, 621호
전 화 02)333-3577
팩 스 02)6455-3477
이메일 dodreamedia@naver.com(원고 투고 및 출판 관련 문의)
카 페 https://cafe.naver.com/dodreamedia

ISBN 979-11-94223-68-9 (03320)